重拾強韌內心！

50種戰勝逆境的「復原力」培養法

足立啓美
Adachi Hiromi

楓書坊

前言

在至今的人生中，有沒有遇過一些讓你覺得心力交瘁、困擾不已的事情呢？誰都有可能遇到課業成績不理想、跟朋友鬧不愉快、升學挫折、在課外競賽或才藝上失利、生病受傷等等的煩心事。

哪怕是現在精神飽滿、每天都活得充實的人，也可能遇上人生的逆境與煩惱。這時，想必任何人都會覺得這樣的生活很難熬。

我想，不管是誰在面對這些令人痛苦、煩惱的事情時，也許都會出現「我不行了」、「為什麼只有我要承受這些」、「其他人都比我優秀，我怎麼這麼差勁……」等想法，腦海中浮現放棄一切的念頭吧？

不過，其實每個人都擁有從困境中重新站起以及克服困難與煩惱的能力，我們稱之為「復原力（Resilience）」。這份能力會在你遭遇人生的逆境或困難時成為與你並肩作戰的隊友，陪著你跨越各種難熬的狀況，並將這些經驗變成你強而有力的後盾。

即使你在當下覺得難受痛苦時並不這麼認為，但這些在痛苦中掙扎的日子，以及克服苦難之後獲得的經驗，的確都會成為你的「生存力」。

所以，就算覺得現在活得很辛苦、感覺不到一絲希望也沒關係，你現在經歷的這些經驗一定都會成為支持你的力量。而這本書就是要告訴你如何讓這些經驗成為你的助力。

我知道，一定也有人覺得現在的自己好像沒有任何煩惱。若你們在未來的漫長人生中也遇到了讓你們感到痛苦或低落的事情時，希望你們都能夠想起還有這一本書的存在。

另外，當你們的朋友或是身旁重要的人在痛苦之中時，我也希望你們想一想如何去幫助他們。我相信你們一定也能夠助他們培養出復原力！

看看現在的你擁有多少復原力吧。

復原力檢核表

以下敘述是否符合你的狀態或想法？
非常符合請打○，符合請打△，不符合請打×；
○為2分，△為1分，×為0分，最後請總計17個問題的分數。

	內容	○、△、×	分數
1	壓力過大或疲倦不已時，可以察覺到身心發出的訊號		
2	願意找人聊聊心事或討論自己的情緒		
3	就算發生過許多事情，也不會被過去的事情困住		
4	當心情或思緒愈來愈負面時，依然能切換回客觀觀點		
5	遇到困難時有人可以商量		
6	有重視、愛護自己的人		
7	記得別人對自己的好，懷著感恩的心過每一天		
8	即使自己有缺點，依然喜歡自己的一切		
9	對自己還算滿意		
10	知道自己的強項及優點		
11	覺得自己有辦法克服困難及挫折		
12	能夠思考自己如何才能達成目標		
13	覺得不管遇到什麼事都有辦法能解決		
14	有熱愛的事物		
15	重視從事個人興趣以及休閒娛樂的時間		
16	遇到挫折或痛苦時，會試著從中找出值得學習的事		
17	認為失敗或挫折能讓人成長		
		總分	/34

這些問題是用來檢視你是否了解與復原力相關的能力，並確認自己是否發揮這些能力。
請在閱讀完本書之後，看看自己跟閱讀本書之前有多大的差別吧。

目次

contents

2章

與負向情緒和睦共處的方法

3章

培養從容應對人生變化的能力！

contents

4章

失敗也能讓力量更強大

5章 培養化解人際衝突的能力

6章 「做自己」就是你最大的武器

※網址分享有時會因為網站等狀況，未預先告知就變更或移除；網站如為外文，恕無法提供翻譯。如有造成不便，還請見諒。

1 章

別輸給逆境！強化內心的「復原力」是什麼？

方法

01

認識面對逆境的力量「復原力」

「復原力」指的是面對逆境、不向困難低頭認輸，以及遭遇挫折後仍能重新站起的力量。不管是在日本還是其他國家，都有人在討論復原力，認為這是一股非常重要的力量。

活在現代的我們歷經了各種變化及逆境，包括：全球大流行的病毒傳染、地震或豪雨等自然災害、戰爭或恐怖攻擊事件等等。

各位讀者也都是傾盡所有心力，讓自己適應這些巨變的其中一員。

生活中會出現各種變化，每天的生活也不可能跟往日一模一樣，這樣的生活經驗本來就會給人們帶來一些心理負擔。最近幾年又發生那麼多的巨變，努力至今的各位其實都展現了你們的復原力，同時也繼續在培養更多的復原力。

我們的人生不只要面對自然災害、戰爭等全球性議題，還要面對學業、人際關係、未來出路等各方面問題，永遠都有煩惱不完的事。當你愈重視這些問題時，你就會花愈多時間在煩惱，內心也會逐漸受到影響，讓你難以擺脫負向情緒，漸漸地失去活力與精神。

不只是你們，就連大人也是這樣。

不過，我希望你們記住一件事，那就是每個人都擁有復原力，並且能重新振作起來。

每當開始新的校園生活時，總是要先適應新的環境與課業；然而稍微習慣後，或許又會開始感到與人交往的不易、在課業上遇到挫折與困難。除此之外，人際關係或許也會比以往複雜，以往得心應手的事說不定也讓你開始嚐到屢屢挫敗的滋味。畢業季的到來也會讓人擔心升學或就業的問題，以致內心累積許多壓力。即使畢業後踏入社會工作，也肯定會遇到各種大大小小的困難及逆境。然而，只要跨越重重難關，就會讓我們的復原力愈來愈強大。

雖然生命中會發生那麼多讓人覺得辛苦的事，但肯定還是有許多好玩有趣、讓你覺得充實、有成就感的事情吧？說不定你在感興趣的學科上取得特別優異的成績、在課外活動的比賽中努力到最後一刻而獲得滿滿的成就感，或是成功結交到與自己氣味相投的好朋友。而這些經驗都會成為我們未來在克服重重困難時的一大助力。

就算現在的你覺得自己沒有復原力也沒關係。因為，**復原力是一種能透過學習獲得的技能。而且，不管從幾歲開始學，一定都有辦法學得會。**

方法 02
別怕失敗！別怕挫折！培養重新站起的力量

「我覺得自己的內心很懦弱，我常常因為別人說的話而感到受傷，難過得哭出來。」

曾有一位國中生跟我這麼說。各位也認為傷心哭泣就代表一個人的內心懦弱嗎？那麼，什麼才能叫做「內心強大」呢？

主導南非反種族隔離運動的曼德拉（Nelson Mandela）曾在獄中服刑27年，出獄後竟獲諾貝爾和平獎並當選為南非總統。其留下的名言之一即「生命中最大的榮耀並不是從未跌倒，而是每次跌倒後都能重新站起」。

這句話有2個非常重要的重點。

第一個是**不管是誰都會遭遇挫折，經歷痛苦與煎熬**。有時，失敗或挫折的原因甚至還可能不是自己造成的。

第二個是每個人在遭遇不順、痛苦的事情時，**難免都會心情低落、煩惱不已**。但不論遇到的事情有多麼痛苦，我們都不需強迫自己一定要保持冷靜或樂觀開朗、假裝不在意，**最重要的是擁有遭遇挫折也能重新振作的力量**。

這就是所謂的復原力，能給內心帶來更強大的力量。

我們總以為不受壓力或煩惱影響才能稱為內心堅強，但只要**在遭遇挫折、內心受傷以後重新振作起來，這樣當然也算是擁有堅強的內心**。別人說了傷人的話時，我們會覺得難過、沮喪是很正常的事，因為這代表我們很認真在看待對方所說的話。不過，**最重要的還是要知道如何讓自己重新振作起來**。

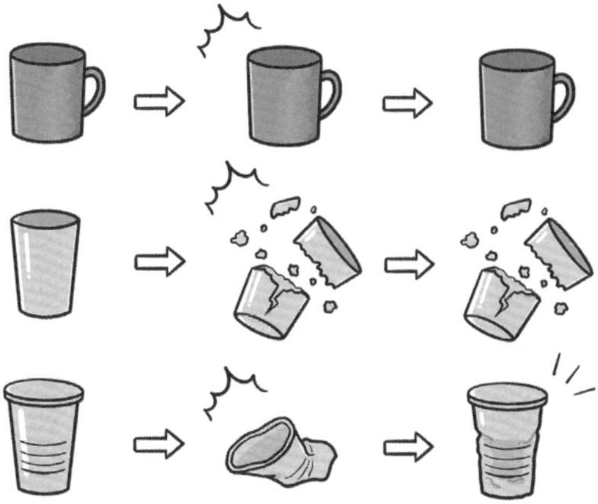

【內心的力量】

請將上圖中的3個杯子想像成我們的內心。

・不鏽鋼杯：承受再多的外力也毫髮無傷＝承受壓力或不順遂時也不影響內心，依舊保持平常心。

・玻璃杯：遭受外力就會碎裂＝即難以承受衝擊，內心脆弱。

・塑膠杯：遭受外力就會變形＝即遭受外力依然能恢復原狀＝**復原力！**

方法
03
復原力的各種形式

看看你身旁的朋友、家人或知名人物，你覺得在這之中誰具有強大的「復原力」呢？

接著進一步思考，你覺得他們的內心擁有什麼樣的力量呢？例如：

・爸爸即使工作遇到困難依然努力不懈。

・媽媽雖然覺得心情很煩，但隔天又恢復活力與笑容。

除此之外，你還有沒有想到其他的人呢？像是：爺爺或奶奶、朋友、某某知名人物等等。想到了嗎？那麼請你再想一想他們擁有哪些力量吧。

接下來，我將介紹幾位展現出復原力的人物。

首先我就以許多人都熟悉的動漫主角為例，說說他們在故事中如何展現出復原力。

相信大家都知道這兩部經典作品的主角——吾峠呼世晴《鬼滅之刃》中的竈門炭治郎，以及尾田榮一郎《ONE PIECE》中的蒙其・D・魯夫。

炭治郎背負失去家人的悲痛，為了讓變成鬼的妹妹恢復成人類，而奮力對抗許多惡鬼。過程中，炭治郎不斷激勵自己、一步步成長與進步的樣子，都展現出他強大的復原力。

另一方面，魯夫雖然個性上天生樂觀，但也曾遇到痛苦難熬的事。不過，在夥伴及師父的幫助下，也讓他重新振作起來。

除了動漫角色，我們也能透過歷史人物的事蹟見識到他們身上的復原力。

聽不見、看不見也不會說話的海倫凱勒（Helen Keller），在沙利文老師（Anne Sullivan）的幫助之下，走上屬於自己的人生道路。

她曾說：「當一扇幸福的門關上，另一扇幸福的門就會開啟；但我們往往只會注意到關閉的大門，而忽略了那扇已開啟的幸福之門。」她也說過：「這個世界充滿苦難，但也充滿許多跨越苦難的方法。」

這兩句名言都告訴我們，即使眼前的狀態不是最完美、最理想的，但只要專注於自己擁有的一切，依然能活出自己的人生。

像這樣看一看動漫角色或歷史人物的故事，你就會發現許多人都展現出克服困境的力量。可見**復原力是一種人人都具備的生命力量**。

不過，**每個人在重新站起時使用的力量都不同**。有的人會將他人的幫助轉變成自己的助力，有的人則認為接受現狀反而更有利自己。當然，人在面對不同的狀況時，也可能選擇使用不同的力量。

我希望你們在讀過這本書以後，都能去思考自己擁有什麼樣的復原力。別人用他們的方式讓自己重新站起，不代表我們也要用同樣的方式才能讓自己重新振作。

找出屬於自己的復原力，就是在了解自己的特性、成為最懂得自己人生態度的人。所以，就算自己的復原力跟別人不一樣也不要緊。

請你們一定要好好地了解自己，成為最懂自己人生態度的人。

方法
04

復原力是幫助我們獨立自主的力量

各位上了國中或高中以後，也覺得自己好像跟以前不一樣了嗎？各位應該都知道「青春期」吧？在11～18歲左右的這段時間裡，大部分的人在身心方面都會產生巨大的變化，情緒也容易不穩定。除此之外，也會開始意識到另一個客觀看待自己的自我，時常出現「我的未來應該往哪走」、「怎樣才算是做自己」等疑惑，內心也經常產生劇烈的動搖。

也許正是因為進入青春期，大部分的青少年都會反抗父母或師長的話，內心也產生矛盾，既希望自己有隨心所欲的自主權，又渴望別人能夠關心及照顧自己。

同儕關係也比以前更敏感，有時內心會有「我是不是很討人厭」或「我在朋友眼中是個什麼樣的人」等不安。

除此之外，或許也會變得更在意異性，與朋友聊天時也會經常談論到與性相關的話題。另一方面，也會對自己的嗜好、興趣有更加深入的研究。

青春期就是一段這樣的時期，每個人都會感受到自己的內在和人際關係產生了變化。

我希望處在這個階段的各位一定要記得，正是因為你們踏出邁向獨立自主的第一步，才會感受到自己的這些變化。

獨立自主指的是自己做得到的事就要自己做，不倚靠別人的照顧及幫忙。

不過，這並不代表要自己一個人一直扛著一切，有困難時依然能尋求旁人的幫助，這也算是學會獨立的要素之一。

若想成為一個幸福的大人，不管什麼情況下都能選擇自己想要走的路，**最重要的就是要「獨立自主」**。而你們現在正一步一步地走在邁向獨立自主的道路上。

在獨立自主的過程中，一定會遇到許多必須克服的事情，包括各種逆境、困難、親子關係的改變等等。這時，**你們所具備的復原力就會成為與你並肩作戰的戰友**。

方法05 找出屬於自己的幸福

你覺得幸福的人生是什麼樣子呢？還有，你在做什麼事情時會覺得很幸福呢？

是跟朋友一起嬉笑玩鬧呢？還是吃到美味好吃的食物呢？是添購了新衣服的時候呢？還是考試考了不錯的分數，或是沉醉在你喜歡的足球或跳舞等興趣呢？

有人做了關於如何變幸福的研究，發現幸福不只是單純感到快樂，「有良好的人際互動」、「達成目標」、「專注或沉醉於某事物中」也是獲得幸福不可或缺的要素。以下是獲得幸福的其他要素。

【幸福的要素】

●正向情緒

擁有開心、高興、興高采烈等**正向情緒**。正向情緒不只會讓人有好的心情，也有助於提升身心能量，並且拓展我們的視野，使我們成長。

●學習投入：主動投入、熱衷於某事物

擁有熱衷、**熱愛的事物**，例如：閱讀、做料理等。熱愛的活動會讓我們沉醉於其中，感覺時間好像一下子就過了，這時會自然地產生高昂的情緒，讓人轉換心情，恢復精神。

●良性的人際關係

與家人、朋友等等建立起良好的關係。當我們與別人產生連結時，就會產生幸福感。

●有意義的事

做自己認為有意義的事，例如：愛護動物等等。若能找到自己認為有意義的事，哪怕再不喜歡、做得再辛苦也會覺得甘之如飴。

●成就感

學會新技能、得到高分等等的成就。**找到目標並努力達成，就會讓人獲得自信與成就感**。在不斷挑戰的過程中感受到自我成長的幸福。

●健康

擁有健康的身心也是非常重要的事。要保持良好的睡眠、攝取營養健康的飲食，以及進行適度的運動。

換你想一想

想一想，看看你擁有哪些幸福的種子。

●正向情緒

Q．你覺得自己在最近的1個星期裡有正向情緒嗎？是什麼時候呢？是什麼樣的情緒？

●學習投入

Q．有讓你專注到忘記時間流逝的事情嗎？是什麼事情呢？

●良性的人際關係

Q．你的身旁有支持你的人（特別是在發生重大情況時）、值得信賴的人、你喜歡的人嗎？人多、人少都沒關係，請問當你想到他們時，你的心情是如何呢？

● **有意義的事**

Q．你認為真正重要的事是什麼？請你試著寫下絕不能妥協的事情或看法、你想守護的事物等等。

● **成就感**

Q．你想在1個月內達成的目標是什麼？為了達成這個目標，你現在能做的事情有哪些呢？

● **健康**

Q．平時睡得好嗎？有沒有好好吃飯？運動量足夠嗎？想一想你可以做哪些事讓身體更健康。

方法

06

小心別踏入「幸福」的陷阱

1 在艱難的處境中就認為自己得不到幸福

我們都知道，人就算遇到了逆境或困境還是能擁有幸福。人生遭逢巨變時難免會覺得再也不能獲得幸福；不過就算身處艱難處境，還是能體會感動與喜悅的滋味，而這些困難經驗或許也能帶來嶄新的收穫。

例如：即使跟朋友大吵一架而情緒低落，但只要抱一抱寵物，就會覺得自己的壞心情一掃而空；就算社團的比賽輸了，充滿不甘與遺憾，但只要吃到一頓美味的飯菜，就會讓人產生滿滿的力量。然後，原本令人難受的感覺就會在不知不覺之間消散，取而代之的則是滿滿的愉悅、精神飽滿等正向情緒。

2 幸福轉瞬即逝

每當發生好事時，我們都會覺得自己很幸福；但隨著時間流逝、漸漸習慣這些好事的存在後，又會覺得自己不幸福。我想應該很多人都有這種經驗吧？還沒得到時都覺得「要是得到的話，我一定會很幸福」；實際得到後又認為自己擁有的不夠，不覺得現在的自己是幸福的。

除此之外，我們可能也會一直跟別人比較，只注意到一些不順遂的雞毛蒜皮小事，以致感受不到任何的幸福。

所以，當你下次又在跟周圍比較時，請你試著專注於自我的成長，不必一直跟別人比較。

有時我們因為喜歡而開始做的事，過一段時間後又開始感到無趣。這時應該探索其中的新樂趣來獲得新鮮感，再次投入自己喜愛的興趣中。

假如你會一直在意一些小事而把自己弄得不開心，就要學習以開闊視野去看待事物。比方說，跟好朋友相處時，若只注意對方的缺點，可能就會忽略其優點。

「幸福」二字說著簡單，但相信各位都知道這是由各種事物堆疊而成的。學習如何讓自己從困境中重新站起，以及**培養出獲得幸福的能力，是豐富精采的人生中絕不能缺少的條件。**

人生本就有起有落，只要能發揮復原力、培養出感受幸福的能力，一定會愈來愈接近屬於你的幸福美滿人生。換言之，想要擁有幸福人生，這兩項能力缺一不可。

方法07 將逆境視為成長的機會

人生不可能永遠事事順心。人在遭逢困難或逆境時，往往會覺得為什麼只有自己這麼痛苦，其他人卻一帆風順，有的人還會覺得根本無法獲得解脫。這時若還跟身旁的朋友、電視或網路上的人比較，恐怕會讓自己更沮喪、消沉。

不過，我們的人生很漫長，人生是否幸福不能只看當下。

大家都聽過「龜兔賽跑」的故事，剛開始雖然是兔子遙遙領先，但最後獲得勝利的卻是烏龜。如果只看故事的開頭，我們或許都會覺得兔子會獲勝，然而烏龜卻在最後逆轉了結局。當然，我們的人生不需要與他人比較，只是，**我**

們不能光靠現狀就判斷自己的人生順利與否。

而且，更重要的是我們在人生的道路上有哪些收穫。也許是收獲了願意為自己拔刀相助的朋友，或是從傷心難過的經驗中學會了溫柔待人，為了跨越難關而學習的知識也是一種收穫。**在人生道路上學習到哪些事物，對於我們的人生而言是一件非常重要的事。**

只要在克服難關後，靜下心好好看看有哪些收穫，就會明白「雖然辛苦，但多虧發生這樣的事，我才有所收穫」，發現那些都是幫助自己成長的經驗。

好比我們走在一條有重重阻礙的道路上，一路撿拾著阻礙前進的小石子，到達山頂時低頭瞧瞧手中的小石子，才發現竟是閃著耀眼光芒的寶石。

在漫長人生中，我們很多時候都會有這樣的經驗，只是那個當下的我們並不會立刻察覺。

2章

與負向情緒和睦共處的方法

方法
08
認識負向情緒的特徵

A同學為了考上心目中的理想學校，一直很認真地讀書。不過，他最近從校隊的正式隊員變成替補隊員，心儀的女生還拒絕他的告白，接二連三的打擊讓他提不起精神奮發，只好靠打遊戲來轉換心情。結果花太多時間在遊戲上，又讓他覺得自己很不應該。

他很清楚自己現在該做的事是認真讀書，但就是做不到。他很生氣這樣的自己，心情煩躁不已下又忍不住對家人胡亂發脾氣。

每當他對家人亂發脾氣以後，他都要過好幾天才能擺脫這種鬱悶的心情。

B同學是名活潑開朗、多才多藝的女孩，也是學校裡的風雲人物，跟朋友一起談天說笑是她最開心的時光。不過，B同學偶爾也會不安，每當出現「說不定他們其實不喜歡我……」的念頭，她就會變得非常低落、久久無法提起精神。因為她又會回想起小學時被排擠、霸凌的回憶，恐懼再度湧上心頭。

你是否也會跟他們一樣被負向情緒或想法所困呢？

大人也不例外，想起痛苦的往事會讓人再度感到窒息、思考將來的事會令人快快不安。當心中充滿生氣、沮喪、不安、焦躁、挫折感、恐懼等負向情緒時，往往會覺得自己好像無法從中抽離，甚至失去對其他事物的熱情或幹勁。

那麼，這時的A同學跟B同學應該怎麼做才好呢？

首先要做的，就是對負向情緒有更深的理解。

方法 09
重視你的負向情緒

我們人類之所以擁有負向情緒，是因為負向情緒可以讓我們保命，是人類生存的必備力量。現在，請你們想像一下人類以打獵維生的遠古時代。在那個時代裡，人類也許走著走著就會被躲在陰影處的猛獸攻擊，所以在野獸發出動靜的那瞬間，「恐懼」的心理就會促使我們採取「逃跑」的行動。人類要在出發狩獵前感到「不安」，才會多加注意周圍的情況，做好狩獵準備。

「好好奇啊！來去看看那是什麼！」假如聽到不明的動靜時，還興致勃勃地去接近，說不定就會被猛獸一口吞下肚。

內心恐懼才能促使我們採取逃跑的行動，讓我們得以保住小命。除了恐懼，其他的負向情緒也能救我們一命，例如：憂鬱就是在告訴我們要讓身心好好休息；不安會促使我們為行動做好準備；憤怒則會成為我們為重要的人事物奮戰的力量。

由此可知，**負向情緒是人類非常重要的情感，少了負向情緒就會帶來許多麻煩**。而且，**人類為了保命，也發展出容易形成負向情緒的大腦**。

人類的大腦可以分成兩個部分，一個是古代人經常使用的「舊腦」，另一個則是現代人發展出的「新腦」，我們的行動則取決於這兩個腦。舊腦以保命為第一優先，一旦產生負向情緒，大腦就會發出危險訊號，促使我們立刻採取行動。

而新腦則是相當冷靜又講究道理，它會讓我們冷靜地判斷事物，採取準確而恰當的行動。新腦與舊腦都發揮相當重要的作用，但要是舊腦反應過度、作用過頭的話，我們就會產生不必要的負面反應，讓我們難以冷靜思考。

不只負向情緒，**負面的回憶以及經驗也容易滯留在心中**。

哪怕得到再多的讚美，只要發生任何的不愉快，我們都會變得更加在意，因為這就是大腦的特性。

方法10 小心別踏入「負向情緒的沼澤」

負向情緒的存在是為了幫助我們保命。當頭腦判斷眼前的狀況有危險時，我們就只會專注在如何保命。不只如此，為了應付危險狀況，我們的身體也會跟著出現變化。當危急狀況迫在眉睫時，身體會出現「要戰鬥」還是「要逃跑」的反應，假如逃不掉也無法迎擊時，則會出現「呆在原地」的反應。

當身體為了立即戰鬥時，便會加快心跳速度，並減弱當下用不到的消化功能（所以才會肚子痛），無視新腦發出的訊號（也就是無法冷靜思考），以便全力應付眼前的危險狀況。

在這樣的情況下，新腦簡直毫無用武之地，完全是舊腦在唱獨角戲。

而且，我們的腦袋在這時也容易浮現一些非事實的畫面，讓我們無法冷靜思考，所以想法會變得極端，滿腦子都是負面、悲觀的事。

有時，負面的情緒、想法以及身體變化會搶走我們的能量，使我們陷入糟糕透頂的狀態，最後形成惡性循環。

前面提過的A同學及B同學起初都是因為某些事而產生負向情緒，結果漸漸地就擺脫不了那些負向情緒。

其實這也是負向情緒的特性。不論是負向情緒還是負面思考，都會一直在我們的腦海中揮之不去。

當負向情緒、負面思考再加上身體變化全部攪和在一起時，人彷彿就像掉進了「負向情緒的沼澤」，愈陷愈深。深陷在這樣的狀態時，就算周圍有什麼

好事發生，我們未必會去注意，也不可能冷靜看待當下的狀況。

就算是大人也可能會陷入這樣的狀態。

所以最重要的就是想辦法掙脫，別繼續待在這個負向情緒的沼澤！

方法

11

聰明地擺脫負向情緒的沼澤

前面提過A同學因為從校隊的正式隊員變成替補隊員，喜歡的女生又拒絕他，所以讓他提不起精神讀書。沒辦法跟心儀的人兩情相悅讓A很難過，變成替補隊員肯定也讓他很不甘心。

所以，他為了讓自己轉換心情而開始打遊戲，結果反而過度沉迷遊戲，戒也戒不掉。主動轉換心情當然是件好事，但顯然這個方式不是很理想。

很多人雖然都知道這麼做不好，但他們心情不好時可能就會一直打電動、看影片等等，說不定還會對家人等親近的人亂發脾氣，試圖讓自己的情緒得到發洩。有些大人也是一樣，心情不好就會不健康地暴飲暴食、發洩情緒般地大吼大叫等等。但是，這些轉換心情的方式不但佔據了讀書時間，還會破壞自己與家人的感情，衍生出其他問題，實在稱不上好方法。

有些人心情不好時則會把自己關在房間，不跟任何人說話。這樣雖能有效地讓心情暫時恢復平靜，但如果最後還是脫離不了負向情緒的沼澤，就應該換個方式來轉換心情。

接下來，我就來介紹幾個不會衍生其他問題，而且也得到科學證實的「負向情緒跳脫法」吧。

方法
12
緊張萬分時的情緒跳脫法！

C同學的狀況

C同學每次在考試前或成果發表前就會開始緊張。每當他真正上場考試或成果發表時，心中都會充滿焦慮及不安，以致無法發揮原有的實力。C同學這麼緊張是因為他很重視考試及成果發表，再加上這都不是他能輕鬆應付的「挑戰」，才會讓他這麼焦慮不安。

正因為他認真對待並勇於挑戰，才會產生這些反應；只挑簡單輕鬆的事情來做，根本就不會讓人緊張或不安。而像C同學這樣認真看待每一件事物，其實是很值得讚賞的心態。

「踏出舒適圈（沒有壓力、不會產生不安的狀態）」是實現自我成長中不可或缺的經驗，意即我們必須離開自己覺得安心自在的區域、試著挑戰能力之上的事物。

這個過程中肯定充滿不安，但是成功踏出以後一定會有不一樣的心情。

當你感到不安或緊張時，不妨試試看「深呼吸」。呼吸是我們能控制的事，透過調整呼吸可以使心情平靜。請試著將注意力集中在呼吸，然後慢慢地吐氣，再慢慢吸氣，一直重複這個動

作。接著，想像自己在吐氣時一併吐出疲倦、焦慮等負向情緒；吸氣時則想像自己將閃閃發光的空氣吸入身體，讓明亮清澈的空氣漫延至全身。

深呼吸可以讓我們提升專注力，並且讓心靈及腦袋獲得洗滌後的清爽感。當你覺得內心充滿緊張、不安的情緒時，就試著專注於呼吸吧。

方法13 焦躁不安時的情緒跳脫法！

D同學的狀況

D同學只要在學校挨老師的罵，回家就會對家人亂發脾氣，回話時的語氣也很不禮貌，有時甚至還會假裝沒聽到別人在說話。雖然他知道這樣做很不好，但他就是擺脫不了這種情緒焦躁的狀態。

我們都有可能像D同學一樣，在遇到許多煩心事跟承受許多壓力時，就忍不住把情緒發洩在跟自己最親近的家人及朋友的身上。但是，一直這樣做的話，肯定會讓自己跟最重要的朋友及家人的關係變得愈來愈差。

這時，我建議的情緒跳脫法是進行深呼吸再加上「運動」。據說，**運動可以緩解青春期的荷爾蒙變化所帶來的情緒不安**。

你最喜歡的運動或動態活動是什麼呢？

除了跑步、踢足球等運動，在住家附近散步、做伸展操等等的活動也有很好的效果。

方法14 悶悶不樂時的情緒跳脫法！

E同學的狀況

E同學很在意別人說的話，就算朋友只是有口無心，他也會悶悶不樂許久。有時他甚至還想傳訊息跟對方說：「我生氣了！再也不跟你玩了！」但又覺得好像哪裡怪怪的。

我們有時也會像E同學這樣悶悶不樂，又不明白自己為何會這樣。這時，我會建議試試看「書寫」情緒跳脫法。

當心情被別人或某些事破壞時，可以將自己當下的想法或心情具象化，以圖畫或文字呈現。

請盡量將自己的心情毫無保留地寫出來，像是：「〇〇說我是……我覺得好討厭！好煩啊！」

如果覺得難以用文字敘述，用鉛筆或色鉛筆在紙上一直重複畫圈也有同樣的效果。透過寫出自己當下的心情，有助於我們脫離負向情緒的沼澤。

此外，**先了解自己當下的心情再採取行動，而不意氣用事，是我們在建立良好的人際關係時不可或缺的重要能力**。請試試看以文字或隨意塗鴉表達自己的心情，並觀察做完這些事情以後，心情有哪些變化吧。

方法15 憂心未來時的情緒跳脫法！

F同學的狀況

F同學總是對將來的事擔心不已。能不能考上志願學校？考不上的話該如何是好？未來的路該怎麼走才好？每當他在思考未來時，整個人都會被不安感籠罩，讓他做什麼事情都無法專心，也愈來愈沒有精神。

具備思考未來的能力是一件很重要的事。我們在小時候並不具備這種展望未來的能力，所以懂得開始思考未來可說是自我成長的最佳證明。

不過，人生中有我們能控制的事，也有我們無法控制的事。舉例來說，別人的心情好壞或是天氣狀態就是我們無法控制的事。相反地，如何看待事物、如何與別人相處，則是我們自己能決定的事。

人生若是一直聚焦在自己沒辦法控制的事情上，就會讓自己活得很辛苦。這種時候，**我建議你們應該把力氣投注在自己做得到的事情上，尤其是能讓自己全心全意沉醉於其中的活動。**

想一想，你在做哪些事情的時候會讓你覺得時間過得飛快呢？還有，做完哪些活動以後會讓你恢復精神？是閱讀呢？還是下廚、運動呢？

方法16 羨慕嫉妒時的情緒跳脫法！

G同學的狀況

G同學很羨慕一位班上朋友。這位朋友交友廣闊又很會讀書，是社團裡的風雲人物，簡單來說就是人生勝利組。G同學覺得自己的校園生活相較之下簡直黯淡無光，而且一想到這，他就會很討厭自己的缺點、覺得自己不夠好。

每個人都有各自的特質，成長環境也不同。有的人喜歡大家一起熱鬧，有的人就只喜歡跟少數幾個人湊在一起聊天。任何人都不可能跟另一個人一模一樣，所以拿自己跟別人比較並沒有意義；真的要比較的話，應該拿過去跟現在的自己來比較，看看自己成長多少、有哪些變化，這樣才有意義。

我們一定要認識並珍惜自己的特質，不需要事事都跟別人一樣。請捫心自問對你來說最重要的事物是什麼？你希望如何跟朋友相處？

話雖如此，我們有時還是會忍不住跟別人比較，這時最重要的就是讓自己趕快跳脫在這之後產生的負向情緒，借助音樂的力量就是一個很好的方法。請想一想，哪些音樂能讓你放鬆下來或恢復精神？

不只聽音樂，唱歌或演奏樂器也有同樣的效果。

總而言之，想要盡快脫離負向情緒的沼澤，關鍵在於**找到讓自己心情變好的方法**。而且**要在心情好時想好**。此外，這些方法要**以不造成他人困擾（＝不會衍生其他問題）**為前提。

換你想一想

□使用哪種呼吸方法會讓你的情緒穩定？你會選擇在哪裡做這件事？

□你喜歡的運動是什麼？

□你會在什麼情況下書寫心情？你會如何書寫？

□有哪些活動能讓你渾然忘我？

□你喜歡的音樂有哪些？哪些音樂能讓你心情亢奮或冷靜下來？

當你在做這些活動時，能讓你的心情變好、放鬆下來，或覺得身心煥然一新嗎？請試著回想並牢牢記住你在做這些活動時的感覺。

方法
17
給自己多一點的疼惜

我們在失敗、懊悔、難過時，可能都會想：「我應該再更努力一點……」或「要是當時那麼做就好了……」忍不住地責怪自己。

不過，我希望各位在這時候都要接受失敗、正在難過的自己，並溫柔地對自己說：「你已經盡力了，每個人都可能遇到這樣的事。」

像這樣溫柔地對待、關愛自己，就稱為「自我疼惜」，是一種能讓我們突破逆境的力量。考試成績不理想時，有的人認為這時就應該嚴以律己，但其實給自己一點肯定及疼惜才能激勵自己前進。

自我疼惜不僅能有效減少壓力，據說還能增加幸福感。很多方法都有自我疼惜的效果，其中一個是以身體的動作使內心獲得平靜。例如：雙手在胸前交叉，緊緊環抱住身體或溫柔地輕拍雙肩，就可以將溫柔的力量傳給自己。也可以對自己說一說撫慰人心的話。

懂得自我疼惜才能培養出對抗負向情緒的強大力量，也能讓我們與不愉快的感覺和平共處。如此一來，我們就不會一直責怪自己或批評別人，而是好好地感受自己的心情及想法。然後，我們就會明白自己真正的思緒，不陷入負向情緒的沼澤。

這樣，我們才能去選擇最適當的想法、態度或行動。換句話說，重視自己的心情才能幫助自己選擇理想的人生。

方法18 取得負向情緒與正向情緒的平衡

前面幾頁介紹了幾個脫離負向情緒沼澤的方法。人類的情緒不僅只有負向的，還有正向的。例如：好開心（喜悅）、好想試試看（感興趣）、好放鬆、好舒服（安逸）、好厲害（敬佩）等等。正向情緒是帶給我們活力的能量來源，P127會詳細介紹還有哪些正向情緒。

「若能一直保持正向情緒該有多好……」有這樣的想法並不奇怪，但就像我在前面說的一樣，人生會經歷各種悲歡離合，所以出現負向情緒也是當然的事。再說，負向情緒還是讓我們保命的重要情緒。

所以，最重要的其實是讓負向情緒與正向情緒之間維持良好的平衡。當我們感受到的正向情緒是負向情緒的數倍時，就能獲得正向情緒給予的力量。

有研究發現只要感受到的正向情緒是負向情緒的3倍，人就能獲得正向情緒帶來的力量。

這個1：3的比例究竟正不正確，其實引發諸多討論（畢竟研究的結果日新月異）。不過，人類大腦的特性就是容易感受到負向情緒，所以不難理解人類為何必須感受到更多的正向情緒才行。

就算發生討厭的事情也沒關係，只要更加關注能讓自己感到開心、快樂的事情，感受到的正向情緒一定會比負向情緒還要多。

方法19 接受自己擁有各種不同的情緒

對大人來說，與情緒和平共處也不是一件簡單的事。因為人的心情非常複雜，很多時候都不只有單純一種心情，而是同時夾雜著好幾種心情。

內心同時夾雜著正向情緒與負向情緒也是常有的事。例如：當你的好朋友考得很不錯時，你或許會很開心對方有好表現，但同時也有一點不甘心自己的成績比對方還差。除此之外，當你在面對新的挑戰時，會不會感到很興奮與期待，但同時也有些緊張與害怕呢？

像這樣擁有矛盾的心情是我們身為人的正常心理活動。我們其實並不需要強迫自己一定要為朋友表現出歡喜雀躍，也不必強迫自己一定要勇往直前，不能害怕挑戰。人所擁有的各種心情並沒有是非對錯。

當你們覺得自己既開心又有點不甘心、既興奮期待又緊張與害怕時，我希望你們都能坦然地接受自己擁有這樣的心情。

只要像這樣**學會接受自己的複雜情緒，我們就能跟自己的心情和睦相處，也就是能好好面對自己的心情**。不只如此，我們也會懂得接納別人所擁有的複雜情緒。

人所擁有的每一種情緒都很重要，每個人都要跟自己的情緒攜手共度一生，所以一定要好好傾聽每種情緒所傳達的訊息。

3章

培養從容應對人生變化的能力！

方法
20

只要改變看法，行動就會改變——認識「心理機制」——

A同學與B同學都被列為校隊的替補隊員。

A同學非常沮喪，他說：「我絕不當替補隊員，別想叫我坐冷板凳！」他整天把自己關在房間，也不去隊上的練習。B同學則說：「不然還能怎麼辦？我只能更努力練習，希望有機會上場比賽！我也會幫其他隊員加油！」他帶著積極樂觀的態度，繼續參加隊上的練習。

兩個人都遇到同樣的狀況，A同學為此意志消沉，B同學則展現出積極樂觀的心態。而且，他們後來的行動也完全不同。為什麼會這樣呢？

狀況	腦袋中的聲音（看法、想法）		心情（情緒）		行動
變成替補隊員	我絕不當替補隊員，別想叫我坐冷板凳！	⇨	意志消沉	⇨	關在房間裡
	不然還能怎麼辦？我只能更努力練習，希望有機會上場比賽！我也會幫隊員們加油！	⇨	積極樂觀	⇨	繼續參加練習

那是因為他們在面對狀況的看法及思考方式影響了後續的發展。

A同學

「我絕不當替補隊員，別想叫我坐冷板凳！」（看法）↓意志消沉（情緒）↓關在房間裡（行動）

B同學

「不然還能怎麼辦？我只能更努力練習，希望有機會上場比賽！我也會幫隊員們加油！」（看法）↓積極樂觀的心態（情緒）↓繼續參加練習（行動）

方法

21

看待事物的方式會影響情緒

各位透過前面的例子應該都看得出來，就算是面對同樣的事，不同的人就會產生不同的情緒。你們知道這是為什麼嗎？

我們的**身體及心理會出現什麼反應，並不是取決於「發生的事」，而是取決於「如何看待」事情的發生**。這些反應不只情緒上的轉變，還包含身體感覺的改變，例如：心情低落時，胸口會有種被揪住的感覺。此外，行動也會隨著心情或感覺而改變，例如：心情低落時會把自己一個人關在房間、心情煩躁時動作會變得粗魯等等。也就是說，負向看待事物的方式會讓人產生負向情

©一般社團法人日本正向教育協會

緒，進而採取負向行動。

許多人都以為情緒轉變是受到事物的影響，但真正影響心情的其實是自己看待事物的方式。然後，情緒又會影響我們的行動。每個人都有自己習慣看待事物的方式，每當發生同樣的事情時，就會無意識地以同樣的方式去看待，所以心情以及行動當然也是產生同樣的反應。而且，我們很難停下來注意自己是以什麼方式在看待事物。

方法
22

注意自己與內心的對話方式

當你開始思考自己習慣用什麼方式去看待事物時，會發現就好像在心裡跟自己對話一樣。

其實我們每個人都會在心裡頭自言自語。例如：早上快遲到時，腦袋就會有聲音說：「得趕緊出門，遲到就完蛋了！」想找朋友出去玩時，也會出現聲音說：「好想找朋友出去玩，可是他有沒有空啊？」

人在擬訂計畫、思考解決問題的對策，或是將自己的心情寫成文字時，都會在心裡跟自己進行對話。而且，我們不一定會完全將這些內心對話說出口。有時，還可能說出跟心裡頭所想的事完全相反的話。

正因如此，有時自言自語也是理所當然的，並不是什麼問題。不過，有一點需要特別注意，那就是我們都跟自己的內心進行什麼樣的對話。

首先，**請各位停下腳步，注意平時都在心裡跟自己進行什麼樣的對話**。是讓你變得精神有活力的對話嗎？還是讓你更加沮喪消沉的對話呢？

方法 23

常見的負向看待方式

接下來，我要介紹幾種常見的負向看待方式。我們在面對事物時常會以這些角度看待，並因此產生負向情緒。我會以「在耳邊低語的鸚鵡」來代表這些負向看待方式，方便各位更容易理解。看完以後請想一想，你看待事物的方式也像這幾隻鸚鵡一樣嗎？如果是的話，就代表你的肩膀也站著這幾隻鸚鵡在耳邊低語。

不只是你，或許你的朋友、師長、父母在面對同樣的事情時，也會用這些方式去看待。

C同學肩上的埋怨鸚鵡

狀況 上學遲到而被老師罵。

看待方式 都是因為媽媽不叫我起床，我才會遲到！雖然她說過以後不會叫我了，但既然她比我早起，幹嘛不來叫我！我遲到都是她害的啦！

情緒 心焦氣躁。

行動 牽怒他人、亂發脾氣。

特徵 埋怨鸚鵡會立刻把問題怪罪在別人身上，常出現的反應是「都是別人害我」或「我才沒有錯」。個性頑固，不輕易改變意見，總是以非黑即白的極端態度看待事物，也經常生氣。

應對方式　只要冷靜下來，就會知道其實可以自己設定好鬧鐘；真的起不來，也可以想辦法拜託媽媽叫自己起床。請各位想想，當埋怨鸚鵡停在你的肩上時，能不能勇於承擔自己的錯誤、想辦法解決呢？

D同學肩上的自棄鸚鵡

狀況　明天有考試，原本以為自己能臨時抱佛腳，但考試範圍太大，複習進度嚴重落後，察覺時已經半夜11點，也愈來愈想睡。

看待方式　真的不行了，我果然不是讀這個科目的料。

情緒　不安。

行動　不管三七二十一就關燈睡覺。

特徵

自棄鸚鵡一遇到問題就會呆在原地不動，認為所有事都不可能由自己掌控、放棄挑戰一切。常覺得心有餘而力不足，經常感到無能為力。

應對方式

就算無法記得滾瓜爛熟，也應該盡自己所能。雖然這次考試沒辦法複習完全部範圍，但可以下次及早安排計畫、努力讀書！夜深想睡確實無可奈何，但還是可以盡量多複習一些！只要將這次經驗當成教訓，專注於現在能做的事上，心情就會產生變化。請想一想，當自棄鸚鵡出現在你的肩上時，你應該做的事是什麼呢？

E同學肩上的憂慮鸚鵡

狀況

E同學傳訊息給F同學，F同學看了訊息卻不回覆，而且最近經常跟

G同學玩在一起。

看待方式 F怎麼已讀不回……說不定F討厭我了，正在跟G說我的壞話……

情緒 不安、恐懼。

行動 逃避F同學，或對F同學生氣。心情低落，不理會朋友。

特徵 憂慮鸚鵡會讓人杞人憂天。明明就不曉得未來的狀況會如何，卻深信最後一定會是最糟糕的結果。有時遇到一點小事也會覺得天好像要塌下來一樣，讓人產生不安、恐懼、緊張等情感。

應對方式 沒有人能知道未來會發生什麼事、別人的心情是如何。說不定F同學真的只是剛好在忙，打算有空時再慢慢回訊息。就算F同學跟G同學看起來感情很好，也不代表他們一定會偷偷講別人壞話。而且對F同學來說，可能只是想跟大家都保持友好關係而已。

內心擔心的事不幸發生，確實會讓人很難受；但我們還是可以採取讓自己不要消沉沮喪的思考方式。

跟朋友之間的關係本來就非一成不變。話雖如此，我們難免還是會覺得不安。當我們覺得事事不如意時，透過努力與調整，還是有機會讓情況變順利；覺得不安時，就想一想有哪些事情會讓你覺得開心、自己可以付出什麼努力來讓這些事實現吧。

H同學肩上的正義鸚鵡

狀況

社團的指導老師都只稱讚I同學，還讓他當正式隊員！

J同學明明更厲害，我也很努力啊……

看待方式

不公平！老師絕對是偏心！身為老師就應該公平地讚美跟訓斥所有的隊員，讓每個隊員都有上場表現的機會！

情緒

生氣。

行動

討厭、不想看到社團的指導老師，所以也不去參加社團活動。

特徵

正義魍魎很講究公平正義，總是在意別人做得對不對。神經兮兮，貫徹自己心中的正義。一旦認為別人做得不對，就會生氣或厭惡對方。

應對方式

每個人都有自己重視的價值觀，當別人的價值觀跟自己不同時，有的人會批評對方，或想大聲跟對方說：「你這樣是不對的！」

不過，很多事情其實無法斬釘截鐵地論斷是非對錯。我們更多時候會有「我當然也知道」、「我也不是不能理解」的想法，覺得對方的言行也有一番道理。

很多人都會覺得自己的想法才是正確的，但只要換個角度，站在對方的立場來看，或許就能看到對方所重視的事。

站在指導老師的立場來看，這件事的決定也許是公平的。說不定指導老師有他的考量，才決定讓那些成員擔任正式隊員。

先把正不正確的觀點放一邊，用心聽聽對方的想法吧。

K同學肩上的失敗者鸚鵡

狀況 單戀某個女同學。

看待方式 她絕對不會喜歡我這樣的人……跟L同學相比起來，我不但成績差，長得還沒他好看，女生絕對不會喜歡我！絕對不可能！

情緒 情緒低落、鬱鬱不樂。

行動 放棄告白，一直跟別人相比，意志消沉。

特徵 失敗者鸚鵡經常與他人比較，認為自己就是比別人差。內心滿滿都是失敗感、自卑感與憂鬱等情緒。

應對方式 每個人都有自己的優點以及擅長的領域。也許是旁人肉眼可見的專長，例如：書讀得好、擅長運動等等，也許是溫柔敦厚、體貼他人等個性上的優點。我們總習慣拿看得見的部分去跟別人比較，所以常常害自己的心情變得很低落。只要能找出自己的優點及專長，並珍惜自己的特質，一定能夠吸引看得見你的優點的人。

M同學肩上的罪惡感鸚鵡

狀況 N同學在數學考試之前跟M同學說：「你有考古題的話，要記得告訴我喔！」M同學在補習班拿到了考古題，但因為他想得到第一名，所以他沒有告訴N同學有考古題的事。最後，N同學的數學成績不及格，要參加補考。

看待方式 我隱瞞了考古題的存在，沒資格當他的朋友。

情緒 罪惡感、不安。

行動 跟朋友變得疏離，一直想著自己的過錯。

特徵 罪惡感鸚鵡容易覺得一切都是自己的錯，經常把時間耗費在責怪自己上，因此產生罪惡感、不安、焦慮等情緒。一旦沉浸在這樣的情緒，就會讓自己愈陷愈深。是非常容易讓自己陷入負向情緒沼澤的看待事物的方式。

應對方式

每個人在人生中都會有後悔的事。即使是大人，心裡也會經常浮現「要是那時那樣做就好了」、「要是我這樣做的話，結果會不會比較好」等等的想法。不過，只是一直不停責怪自己的話，就會讓人無法採取即時可行的積極行動。

想成為班級第一名而選擇不把考古題分享給朋友，這樣的心情並沒有錯。而且，朋友考試不及格也不是你害的。我明白你們或許會覺得如果自己分享了考古題，對方也許就不會不及格，但考試本來就應該是各自努力的事，包括：如何學習及安排考前複習等等。而你能夠做的，就是想辦法幫朋友通過接下來的補考。

O同學肩上的漠不關心鸚鵡

狀況 別人問自己要繼續升學還是就業、將來想做什麼工作？

看待方式 要升學還是就業都無所謂，現在不想考慮這些事。

情緒 漠不關心、有氣無力，只要現在過得好就行。

行動 不為將來做打算，只想走一步算一步。

特徵 漠不關心鸚鵡只會逃避眼前的問題，以為凡事都能船到橋頭自然直，不想考慮將來的事。但沒有人知道未來究竟會如何，所以可能會感到不安，覺得茫然。有時甚至會覺得思考未來是一件麻煩的事。

應對方式

最近常有這種感覺的人，或許該讓自己的心好好休息一下。但如果這種狀態已經持續一陣子，我建議你們試著主動採取一些行動，不管是助人、讀書，還是嘗試表達自己的意見，問問自己有哪些事是做得到的。只要改變行動，一定會有不一樣的結果！

哪幾隻情緒鸚鵡經常出現在你的耳邊低語呢？有的人也許全部都有，有的人可能在學校時會出現其中幾隻鸚鵡，在家裡則出現另外幾隻鸚鵡。這些情緒鸚鵡的出現絕對不是一件壞事。其實，我們每個人在遇到人生的各種情況時，經常會採取跟這些情緒鸚鵡一樣的看待方式。重要的是我們要看清楚每次出現在自己耳邊的是哪一隻情緒鸚鵡。換言之，**了解自己習慣採用什麼方式看待事物，才是最要緊的事。**

換你想一想

哪幾隻情緒鸚鵡經常出現在你的耳邊呢？

這些情緒鸚鵡都跟你說哪些話呢？

請試著寫出情緒鸚鵡說的負面看法。

例）

＊像我這樣的人根本就辦不到。

＊事情變得更嚴重的話，該怎麼辦？

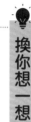

方法
24
蒐集自己的看法是否正確的證據

了解自己肩上經常出現哪幾隻情緒鸚鵡之後，請你一定要仔細聽牠們說了哪些話。重要的是我們要了解自己常用哪些方式看待事物。

接著，我們還要蒐證，確認自己的看法（情緒鸚鵡說的話）是否屬實。

P同學想跟朋友在週末時出遊及外宿，但爸爸說國中生還不到適合外宿的年紀，所以不同意她跟朋友出去。P同學很擔心自己因此被朋友排擠，但不論她怎麼苦苦哀求，爸爸就是不同意，只是一直跟她說：「妳要聽爸媽的話。」

只要她跟爸爸提起這件事，父女倆就一定會吵架，她衝回房間並且鎖上房門，倒在床上難過地哭泣，覺得爸爸一點都不了解她。

你覺得P同學的肩膀上停著哪一隻情緒鸚鵡呢？P同學覺得不同意她外宿的爸爸「一點都不了解她的心情」，內心感到悲傷及憤怒。

然而，P同學的看法真的是事實嗎？

P同學必須確認她的情緒鸚鵡是不是把事情想得太極端，所以這時最重要的就是蒐集證據。

想驗證「爸爸一點都不了解她的心情」是否屬實，要蒐集2種證據：**支持這項看法的「支持事實」，以及否定這項看法的「相反事實」**。蒐集完證據後，**最重要的是反思這些「事實」**。

【支持事實】

・我只是想跟朋友外宿，他完全不問我要跟誰出去，就直接說不行。

・班上的同學就只有我不行去，他都不明白我可能會被排擠。

【相反事實】

・爸爸總是關心我，問我：「今天過得還好嗎？」

・之前跟朋友吵架時，是爸爸一直在安慰我。

・不會寫的作業也是爸爸陪著我動腦，教我做作業。

請將支持事實與相反事實放在天秤上面，哪一端的證據比較多呢？

在大多數的情況下，我們蒐集到的證據不會完全是支持事實，也不會完全都是相反事實。

蒐集完證據以後，再來就要以中立、客觀的角度來修正情緒鸚鵡說的話。

例如：「爸爸說我不能跟朋友外宿，我真的很難過。不過，爸爸平常都會讓我去做想做的事，既然他認為這件事不行，就代表他是真的在為我著想吧。而且，爸爸只是說我現在還不適合，那麼也許等我上大學就行了吧。」我們可以像這樣稍微修改情緒鸚鵡說的話。

不過，要改變我們習慣看待事物的方式的確是一件很不容易的事。這時，下一頁介紹的幾個方法就能派上用場。

方法
25
從3個角度重新思考，有助於改變看法

①試試其他的看法？（如果是你崇拜或尊敬的人，他們會怎麼看待？）
②以更實際的角度來看待？（化身偵探找出事實）
③冷靜下來以更開闊的視野來看待？（從上帝視角來看狀況）

要180度逆轉自己原來的看法是件不切實際的事。原先認為自己有錯的人不可能後來認為自己完全沒有錯；覺得未來充滿阻礙的人也不可能完全改變本來的想法，認為將來一定會萬事如意。就現實而言，人不可能完全推翻自己原來

狀況：跟對方打招呼，對方卻不回應

的想法。

所以其實重點在於**試著稍微改變原來的看待方式就好。只要想法有一點改變，心情也會跟著改變一些。如此一來，行動就會大大的不同。**

換你想一想

請分別以這3個視角出發，修改P85的負向情緒鸚鵡說的話。那麼，你修改完以後的心情如何呢？

方法 26
試著多方看待事物

任何事物一定都有好的一面與壞的一面。例如：半杯的水可以看成是「還有半杯的水」，也可以看成是「只剩半杯的水」。

改變自己看待事物的框架（frame）就稱為「重新架構（Reframing）」。各位也可以想像成戴上另一副眼鏡來看世界，這樣應該比較能夠理解。

例如：發現火車誤點20分鐘時，我們可以用「行程都被打亂了，太讓人困擾了」的心態來看待，也可以換個角度想：「既然還有時間，那就可以看個書。」有個人就是因為懂得重新架構，而讓他開發出一項重大的發明。

一九六八年，研究員史賓塞・席佛（Spencer Silver）原本想開發一款強力黏著劑。就黏著劑的研發來說，這款黏著劑顯然是失敗的成品。

但是，他稍微換個角度來看待這次開發出的黏著劑，於是後來便有了便利貼（Post-it Note）的問世。

由此可知，只要稍微換個角度來看，失敗也能成為轉機。

任何事物都有好的一面及壞的一面，至於我們看到的是哪一面，則取決於我們透過哪一個框架去看待。

當你發現自己習慣負向看待事物時，不妨試著改變自己的認知框架吧。只要去思考自己能否以不同的框架來看待，或許就能找到突破困境的破口。

方法27

找出能讓自己打起精神的看待方式

會站在你的肩上、於耳邊低語的情緒鸚鵡，其實不只負向情緒鸚鵡，還有能帶給你力量的正向情緒鸚鵡。

當我們面臨困難時，正向情緒鸚鵡會這樣鼓勵我們：「加油！你一定做得到！」或對我們說：「我知道你一定很辛苦。」

現在，你們的肩膀上站著哪幾隻正向情緒鸚鵡呢？哪些話能讓你打起精神呢？哪些話又能讓你充滿幹勁呢？

曾經有人試著畫出自己的正向情緒鸚鵡，例如：幹勁十足鸚鵡在其耳邊輕聲說：「只要做，就有機會成功！」不屈不撓鸚鵡輕聲說：「跌倒了再站起來就好！」還有幸福鸚鵡說道：「你這樣已經很棒了。」

各位也試著畫出自己的正向情緒鸚鵡吧。

換你想一想

1. 請試著寫出每一隻正向情緒鸚鵡的名字。
2. 請寫出正向情緒鸚鵡跟你說的話。
3. 可以的話，試著畫出正向情緒鸚鵡的樣子吧。

方法28

怒氣沖沖時要先暫停一切！

只要媽媽又要開始碎碎唸時，Q同學就會不假思索地大聲怒吼：「妳不要再唸了！」身體的反應比大腦還要快。

我們可以理解此時的大腦是由「舊腦」取得優先控制權。

所以，這時應該停止一切的言語及動作。腦袋不需要思考，反正就是暫停所有行動，也不要說任何話，離開現場也是一個好方法。

然後，請重複幾次深呼吸。深呼吸可以讓身體的反應冷靜下來，冷靜以後再去思考問題究竟出在哪裡。是不是自己看待事物的方式影響了情緒呢？或你已經試著改變自己的看待方式，結果還是感到憤怒呢？

方法 29

培養解決問題的能力

人生中也有許多情況無論如何都會令人難受，不管用什麼方式看待都一樣。這是因為我們在面對困難時，有些事情是我們能控制的，有些事情則是我們不能控制的。心儀的對象喜不喜歡自己屬於不能控制的事；努力成為一個有魅力的人則屬於能控制的事。

以這個例子來說，我們無法控制媽媽要不要碎碎唸，但可以決定自己要對這件事做出什麼反應。

假如已經改變了自己看待事物的方式，卻還是擺脫不了負向情緒的話，那就要確認自己是否企圖改變無法控制的事。

自己的行動若是能得到某些結果，人就會覺得「這是我可以控制的事」。

例如：按下開關，電燈就亮起來的話，我們就會覺得是自己打開電燈。但如果按了電燈開關卻還是不亮，或是明明什麼都沒做，電燈卻自動亮起或熄滅的話，你會有什麼感覺呢？應該會覺得自己沒辦法控制這盞燈吧？

像這樣**感覺自己「能夠控制」人生中的事，能提升我們對人生的滿足感，**有助於我們突破逆境。

所以，**最重要的是知道什麼是自己能控制的事，什麼是自己不能控制的事，並且致力於處理自己能控制的事。**

方法

30

專注於現在做得到的事

美國心理學家馬丁・賽里格曼（Martin Seligman）被稱為「正向心理學之父」，他在一九六七年發表的心理學理論中，其中有一項理論稱為「習得性無助」。

習得性無助指的是「一旦反覆體會到自己的行動都得不到任何結果的感覺，最後就會覺得做什麼事情都沒有意義，即使在有機會改變結果的情況下，也不會採取行動」的狀態，賽里格曼博士透過實驗證明「覺得自己的行動沒有結果時，就會令人產生無力感」。而且，這種狀態可能會成為憂鬱症的導火線，跟「失去重要之人」、「遭遇重大挫折」等令人難受的事情一樣。

習得性無助在日常生活中也很常見。例如：有些事情挑戰了好幾遍，結果還是徒勞無功的話，最後就會讓人放棄挑戰。遇到這種情況時，只要將原有的目標切割成幾個小目標，先讓自己找回「我真的做得到！」的感覺，就能打破僵局。另外，當你覺得不順利時，請想一想自己是如何看待這個狀況。人生並不會因為這些不順利就停止，請將目光放在自己未來能做的事情上。

方法31 分清楚自己與他人的責任

當你遇到困擾或困難時，請試著寫出所有可能的原因。

R同學今天在體育館被同班的S同學找碴，那時好友T同學就在附近，卻不來幫忙。R同學很沮喪地回家，並試著寫下這個問題的原因。

- S同學一遇到不開心的事情就會找人麻煩。
- S同學最近心情不太好。

- T同學不來幫我說話。
- 別人找我麻煩時，我卻沒開口反擊對方。
- S同學找我麻煩，讓我覺得自己是個沒用的人。
- 我的好朋友很少。

在這些原因當中，哪些是R同學能控制的事情？哪些是他不能控制的事？R同學認為後3點是他可以掌控的事，而前3點則是他無法控制的事，因此他決定不去在意前3點。

我們很難讓自己完全不去想發生的事情，所以要把專注力盡量放在自己能做的事情上，思考自己該怎麼做才好。

方法32 條列出有助於解決問題的行動

區分清楚事情是否能掌控後，最重要的事思考自己能做哪些努力。

R同學能掌控的事

・別人找我麻煩時，我卻沒開口反擊對方。

・S同學找我麻煩，讓我覺得自己是個沒用的人。

・我的好朋友很少。

因此，R同學便要針對這3點進行思考，例如：這3點分別可以替換成哪些目標？自己可以採取哪些行動？

・別人找我麻煩時，我卻沒開口反擊對方。

目標 我希望在學校可以過得開心自在。

行動1 當別人來找麻煩時，要讓對方知道我不想跟他爭吵。

行動2 盡量遠離那些愛找別人麻煩的人。

・S同學找我麻煩，讓我覺得自己是個沒用的人。

目標 我不想覺得自己是個沒用的人。

行動1 寫出每天發生的好事。

行動2 問問家人覺得我有哪些優點。

・我的好朋友很少。

目標 結交合得來的朋友。

行動1 加入有興趣的社團。

行動2 主動去跟我喜歡的同學說話。

▼就像找地圖一樣

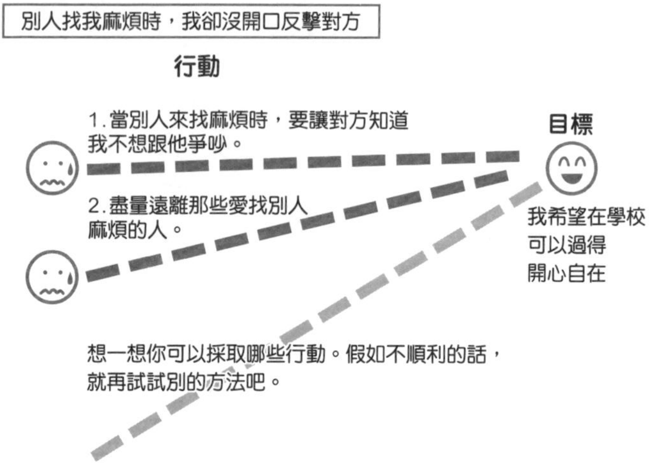
別人找我麻煩時，我卻沒開口反擊對方
行動
1.當別人來找麻煩時，要讓對方知道我不想跟他爭吵。
2.盡量遠離那些愛找別人麻煩的人。
目標
我希望在學校可以過得開心自在
想一想你可以採取哪些行動。假如不順利的話，就再試試別的方法吧。

除此之外，運用第6章介紹的「強項」也有助於採取解決問題的行動時。

別錯過第6章，看看你有哪些「強項」吧。

4章

失敗也能讓力量更強大

方法
33
何謂思維

至今為止，許多研究者都在思考：「為什麼每個人的能力有別、性格也有所差異呢？」

有的人認為是「遺傳」造成，有的人則覺得是「腦部功能」有別，也有人認為是「頭骨形狀」的差異所致，有各式各樣的觀點及理論。不過，大多數的研究者都認為，能力或性格有可能受到經驗或訓練等影響而產生變化。

你們覺得人的能力及性格是天生決定的，一輩子都不會改變嗎？

還是認為人的能力及性格可以透過自己的努力去改變？

認為是前者的人屬於「固定型思維」。

認為是後者的人則屬於「成長型思維」。

思維（Mindset）是一個人在看待事物時的基本方式。父母或旁人的影響、從前的經驗、成長的環境或文化背景等等，都會影響並決定我們看待事物的方式。

・相信「自己的能力及性格是與生俱來，即使努力也不會有所改變」。

・成長型思維……相信「自己的才能或人際關係並非永遠不變，只要努力就會有所成長」。

方法

34

即使做得不好，也要懂得樂在其中

心理學家卡蘿・杜維克（Carol Dweck）想知道人在失敗時會出現哪些反應，於是請了幾位年幼的學童嘗試做幾道高難度的謎題。

有位小男童在解題時表現出相當著迷的樣子，他說：「我好喜歡這種難解的題目！」另外一個人則說：「解這些題目可以讓頭腦更聰明。」杜維克博士覺得不可置信，竟然有小朋友喜歡挑戰他們做不到的事。這些孩子**正是因為相信自己的能力會慢慢培養起來，所以才能享受失敗的樂趣**。據說杜維克博士便是從此時開始研究成長型思維。

方法35 了解自己的思維類型

關於人的能力有各種觀點及看法，請思考以下的敘述內容，與你的想法相符的敘述請打○，不相符的請打×。

①我的能力幾乎沒辦法靠我自己來改變。
②就算可以學習新事物，我的基本能力還是不可能改變。
③不論現在的我是什麼樣的狀態，我都能提升自己的能力。
④不論何時我都能大幅提升自己的能力。

結果

①跟②打〇的人……擁有強烈的固定型思維，請培養你的成長型思維。

③跟④打〇的人……擁有強烈的成長型思維。

打3個〇以上的人……擁有兩種思維，也許在面對學業、運動等不同領域時就會展現出不同的思維。

打0個〇的人……請從現在開始一起練習如何培養出成長型思維。

就算你現在擁有強烈的固定型思維也不要緊！固定型思維並不會一輩子跟著我們，而且不管從幾歲開始，我們都有辦法培養出成長型思維。

方法36 行動深受思維的影響

「相信什麼」對於之後的行動會有很大的影響。

A同學與B同學都要參加體操競技比賽。教練在比賽前告訴他們：「請你們練新的體操動作。」

固定型思維的A同學認為：「練不起來就代表我沒有練體操的才能。」他很害怕失敗，不願意去挑戰；成長型思維的B同學也害怕失敗，但他認為：「要是真的成功練好新動作，就代表我的能力又更上一層樓了。」哪怕他真的失敗了，也能從挑戰中得到收穫，因此願意接受挑戰。

如上所述，**即使兩人擁有相同程度的能力，但雙方擁有的思維不同，採取的行動就會截然不同**。

另外，雙方對於「努力」的態度也不同。固定型思維者會逃避努力，認為「努力就是在證明自己沒能力」；反之，成長型思維者認為「努力能讓自己的能力愈來愈強」，所以就算現在做得不夠好，依然會鍥而不捨地繼續努力。

當朋友或對手成功時，這兩者的行動也會不同。假如對手在課業或社團活動中有好表現，固定型思維者會想：「慘了！我完全比不上他，我要輸了。」而成長型思維者會想：「他是如何讓自己有好表現的？假如我能學會他的方式，我也要來試試看。」

不同的思維有不同的行動！

固定型思維

認為
「事物都是固定不變」，
帶來的結果是……

成長型思維

認為
「事物皆可能改變」，
帶來的結果是……

固定型思維		成長型思維
逃避課題	困難的課題	樂於面對課題
容易放棄	困難或障礙	面對逆境也不後退
覺得努力也是徒勞無功	努力	相信努力可以克服困難
充耳不聞	批評	從批評中學習
覺得別人的成功會威脅到自己	別人的成功	從別人的成功中學習並找到自己也能運用的方法

一直在原地踏步，無法發揮出最大的努力，而這樣的經驗也會進一步強化自己的固定型思維。

有時會達到超越自身能力的成果，而這樣的經驗有助於成長型思維的發展。

出處：TWO MINDSETS, Carol S. Dweck, Ph. D. Nigel Holme

方法
37
培養成長型思維

只要知道自己屬於哪一種思維類型，就會知道自己平時都抱持哪些想法。當你發現自己是固定型思維時，當務之急是重新以成長型思維去反思。

固定型思維：「我又沒做過，我做不到。」

【以成長型思維重新審視】

- 挑戰困難就代表我能學到新的事！
- 失敗了再來一次就好。

固定型思維：「我努力做也做不好，大概無望了吧。」

【以成長型思維重新審視】

・只要繼續努力，我一定會做得愈來愈好！

・成功的話，我一定會開心得飛上天！我該怎麼做才行呢？

固定型思維：「我朋友那麼厲害，我卻做得一塌糊塗。」

【以成長型思維重新審視】

・他在這方面真的很厲害，不然我去問問他是怎麼讓自己變厲害的吧。

・畢竟每個人各有所長，我不用一直跟他比較。

請各位想想日常生活中自己都是用哪種思維去面對讀書、社團、人際關係呢？假如你發現自己是固定型思維，這便是你以成長型思維重新反思的契機。

方法

38

培養「做了就有機會成功！」的心態

愛迪生（Thomas Edison）在成功發明電燈泡前歷經了1萬次失敗，但他說：「我沒失敗，我只是得知了1萬種行不通的方法。」

除此之外，愛迪生也說過：「困難是通往新世界的大門。」

失敗絕對不是一件壞事，重要的是我們能從失敗中獲得什麼經驗。想一想，當你遭遇失敗時，你都在想什麼呢？**假如你能發覺失敗帶給你的收穫，那麼這次的失敗就是邁向成功的一步。**

慢慢培養出成長型思維以後，我們在面對有一點難度的事情時，就比較容

易產生「不如我來試試看！」的想法。

其實每個人都擁有這種力量。我們還是小嬰兒時，就算跌倒再多次也會重新爬起、就算講話的發音不標準也會不放棄地繼續努力模仿大人。想一想，在各位至今的人生中，是不是曾經成功地克服某些困難呢？

請回想這些經驗，然後找回並持續培養相信自己「只要做了就會成功！」的力量吧。

換你想一想

請回想從前遇過的困難或煩惱（例如：跟班上的朋友吵架、被同學欺負、跟老師不合、不會讀書、跟家人的關係緊張等等）。不一定要寫出這些狀況或問題，也不一定要讓別人知道，只需要請你們在腦袋裡回想，然後回答以下的問題。

1. 你發揮了哪些力量讓你克服那些困難？
2. 你從那些困難經驗中學到了哪些事？
3. 那些困難對現在的你帶來哪些影響？

回想自己從前克服困難的經驗，可以讓我們更確切感受到原來自己具備克服困難的能力。然後，請各位也回想一下自己在當時發揮了哪些力量，並且再次確認那些經驗帶給你的收穫，以及讓你產生哪些新想法。

要是你覺得現在的自己沒辦法發揮出相信自己「只要做了就有可能成功！」的力量，就要確認自己的思維模式是不是變成了固定型思維。

我們不必立刻將挑戰的事做到百分之百完美，**首先請為自己設定幾個小目**

換你想一想　設定自己的小目標

夢想 例如）成為獸醫

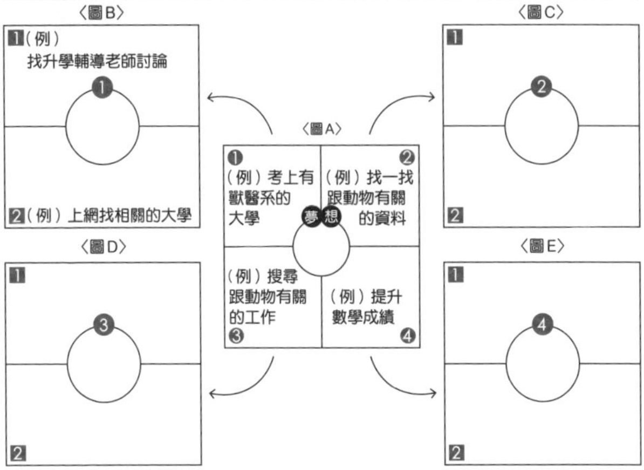

標，當達成這些小目標時，請一定要打從內心好好地稱讚自己。

別人的鼓勵（自己能鼓勵自己當然是再好不過）、心目中的典範人物（你身邊克服過困難的人）所說的話，都有助於我們培養出相信自己「只要做了就有可能成功！」的力量。想一想成長型思維讓你產生的新想法，並借助身邊值得學習的人帶給你的力量，一點一滴地累積起每一個小小的成功吧！

方法 39 培養鍥而不捨的毅力

我們都知道以成長型思維看待事物的重要性了，但有時實際付出努力依然會感到挫折及氣餒。例如：考前複習遇到困難時，雖然想著「困難能讓我有新收穫」，但屢遭挫折及失敗後，難免會令人覺得自己「果然不是讀書的料」。

在這裡，我想向各位介紹一個有趣的研究結果。

再辛苦也不放棄、依然能抱持熱情努力邁向目標的力量，即「意志力（Grit）」。研究結果發現，意志力的高低對於大學時期的成績所造成的影響，比大學入學考試成績還要大。換句話說，**不論遭遇幾次挫折，依然帶著希望繼**

續堅持下去，是讓我們達成目標的重要力量。

換你想一想

一起來寫出「希望之語」。請先了解【3大重點】，並回答【4個問題】，然後寫出你的希望之語。

【3大重點】

①通往目標的道路不只一條。

②不可妄想一步登天。

③途中會遇到路障（但你能跨越障礙）。

【4個問題】

1. 我的目標是什麼？

2. 有哪些方法可以達成目標？

3. 我會遇到哪些障礙或困難？要怎麼克服？

4. 覺得辛苦、難熬時，我可以找誰幫忙？

例如：C同學的希望之語

　　我的目標是考上〇〇高中。為了在下次期末考考出好成績，每天都要努力複習。每星期要上一天補習班，但這期間可能會因為想看電視或覺得累而不想去。期末考結束前都不行看電視，但考完當天就可以盡情看到飽！讀累的話就聽一首最喜歡的音樂，放鬆一下再繼續努力。我會想像自己考上〇〇高中的樣子，然後努力讀書。真的很累、覺得挫折的話，就去找媽媽跟朋友D聊聊天！

方法 40
重視放鬆自己的時間

若要發揮出相信自己一定能做到的力量，「心的能量」也是非常重要的關鍵。當你想繼續努力卻覺得提不起熱忱與精力時，就要確認你內心的能量是否足夠？

請問一問自己最近是否感到快樂、覺得放鬆？有一個很好的方式能讓內心充滿能量，那就是讓自己產生正向情緒。

正向情緒的種類包羅萬象，難以一言以蔽之。

例如：興奮激動、歡喜雀躍就是正向情緒，而對某些事物產生濃厚的興趣、幫別人加油時自己也變得充滿精神，這些也屬於正向情緒。

除此之外，內心保持平靜、穩定的狀態，也是一種正向情緒。

我相信各位肯定都在為了課業以及社團活動全力以赴。正處於青春期的你們真的很辛苦，不只要面對內心的變化，還要適應身體的改變。

偶爾休息一下並不要緊，做得不夠好也沒關係。這些經驗肯定都會成為人生中的助力。

方法41 知道能為自己帶來力量的正向情緒

研究正向情緒的芭芭拉・佛列德里克森博士（Barbara Fredrickson）認為正向情緒可以分為以下幾種類型：**愛**、**喜悅**、**感恩**、**寧靜**、**興趣**、**希望**、**自豪**、**愉快**、**鼓舞**、**敬畏**。

並不是只有興高采烈、歡天喜地等情緒才算是正向情緒，對大自然抱持敬畏之意、感到放鬆自在、為比賽中的選手加油時覺得自己也充滿勇氣（受到鼓舞）……這些情緒也都算是正向情緒。

此外，佛列德里克森博士也證明了正向情緒的眾多好處，包括：能幫助我們以更開闊的視野看待事物並決定行動、培養從挫折中重新站起的能力、中和負向情緒、有助於建立良好人際關係等等。

不過，**正向情緒就像泡泡一樣容易消失，所以一定要有意識地去關注並且仔細感受**，例如：專心聽朋友說話、仔細品嚐美食、在描繪將來的夢想時感到興奮激動。當你仔細去感受這些正向情緒時，你內心的能量就會愈來愈豐足。

換你想一想

找出讓內心的能量更加豐足的正向情緒。

- 什麼時候會讓你覺得有活力呢？那時的心情如何呢？
- 什麼事情會讓你變得有力氣呢？那時的心情如何呢？

5章

培養化解人際衝突的能力

方法
42
培養幸福的關鍵「良好的人際互動」

人們有9成的煩惱都跟人際關係有關，如：朋友、家人、師長……各位應該也曾為各種人際關係感到煩惱吧？

人際關係有令人辛苦的一面，但也能在人生中助我們一臂之力。例如：跟媽媽聊完煩惱後恢復精神、不會的功課可以找朋友求救、只要跟朋友一起做開心的事就會覺得活力十足等等。

其實，只要擁有良好的人際關係，就能保持身心健康。

一項在美國賓州的小村鎮「羅塞托（Roseto）」進行的研究，可以證明這一點。

在一九五〇年代的美國，65歲以下男性的死亡原因最主要為心臟病。有一天，一位名為史都華・沃爾夫（Stewart Wolf）的醫師在羅塞托附近的城鎮度假時，聽說羅塞托這個小村鎮幾乎沒有居民死於心臟病，於是他開始著手進行研究調查，想了解其中的緣由。

研究結果發現，羅塞托居民的死因大多為自然衰老，幾乎沒有居民死於成癮症或是自殺身亡。不只如此，大多數的居民都活得幸福健康又長壽。

為了解開其中的祕密，沃爾夫醫師又做了進一步的調查，發現羅塞托的居民大多與他人保持良好的人際關係，而且當地也有完善的支援體制，有困難的居民都能獲得協助。

可見良好的人際關係對於身心健康有重大影響。

正因為如此，**擁有能克服人際問題的力量可說是一件相當重要的事。**

所以，接下來我想要介紹幾個祕訣，幫助各位與家人及朋友建立起良好的關係。

方法43 思考自己能控制的事與不能控制的事

A同學因為朋友B無心的話而傷心難過，他希望朋友B能跟他道歉。但是，朋友B並未多想，還是照常與A同學相處。

結果，A同學因為朋友B沒有向他道歉，而冷淡地對待他，還說了一些很難聽的話。

面對人際關係時一定要記得一件事，那就是我們無法憑個人意志控制別人的想法或行為，這也是我一再強調的重點。

我們身邊有自己能控制的事，也有自己不能控制的事。在這兩者之前，還有「自己能造成影響，但不曉得結果會如何」的事。

身邊的朋友、家人等等會怎麼做、怎麼想，都是我們不能控制的事。除此之外，天氣好壞、交通號誌、火車到站時間，也是我們不能控制的事。

另一方面，如何看待發生的狀況、要採取什麼行動、用什麼態度去面對，則是我們可以自己選擇的事。

例如：我們不能強迫對方道歉，但可以讓對方知道自己在傷心難過；雖然跟朋友約好出遊的那天下雨、原本的行程被打亂確實很可惜，但我們還是能跟朋友討論要不要改變行程。

即使想盡辦法試圖改變我們無法控制的事情，也很難對結果造成百分之百的影響。就算真的有可能造成影響，結局的走向也不是我們能夠控制的。

因此，專注在自己能控制的事情上，才是最要緊的事。

換你想一想

能控制的事與不能控制的事

請區分出自己能控制的事、能造成影響的事，以及不能控制的事。

【自己能控制的事】

自己的想法、自己的行動、自己要吃什麼、自己重視的事物、每天的複習時間。

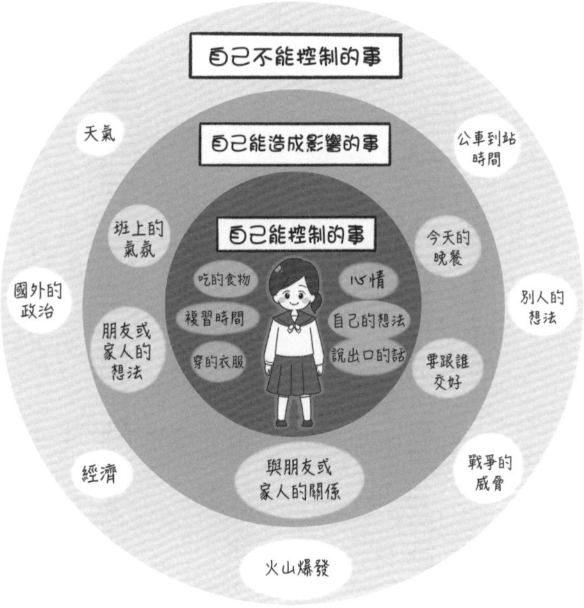

【自己能造成影響的事（但不曉得結果會如何）】

要跟誰交好、今天的晚餐、班上的氣氛、跟朋友的關係、朋友或家人的行動或想法。

【自己不能控制的事】

天氣、公車到站時間、國外的政治問題。

方法 44
重視人與人之間的界線

經營人際關係還有一件事也相當重要，那就是與人之間的「界線」。

C同學很希望可以自己做決定，包括：未來的出路、跟誰當朋友、穿著打扮等等。可是，媽媽總是干涉他的決定或選擇，例如：媽媽認為他上〇〇補習班比較好，總是問他要跟誰出去、要去哪裡等等。C同學不喜歡媽媽干涉他，覺得媽媽的舉動令他厭煩。

每個人都希望自己的事可以自己決定，與別人之間也區分為可以允許他人接近的距離，以及不允許他人接近的距離。

很多人在小的時候都會跟父母商量一切大小事，但是長大以後就漸漸不希望父母過度干涉他們的決定或選擇。

這種轉變是因為每個人都會逐漸發展出自我，與他人之間的界線愈來愈分明。這條界線就像一道看不見的防護牆，是保護自己的重要屏障，而且同時也是在保護他人。

舉例來說，假設要跟某個人處在同一個空間的話，這時每個人覺得彼此之間適合保持的物理距離都不一樣。同樣的道理，每個人覺得舒服自在的內心距離也不一樣。

所以，**「不希望別人入侵界線」的心情並沒有錯。長大以後漸漸有這樣的心情是很正常的事。**

不過，我們起初可能不會意識到這道「界線」的存在，而不自覺讓他人越線；或是稍微被踩到界線就覺得不開心，出現威嚇對方的攻擊性行為。可見，調整個人的界線並不是件容易的事。

每個人都有一道自己與他人的界線，就算對方是自己的父母，也不希望他們侵入界內。我們有這樣的想法並不奇怪，但也因為**對方看不見這道界線，所以更要想辦法讓對方知道這道界線的範圍，保持適當的距離**。

方法

45

學習尊重他人及自己的表達方式

我們有時會顧慮對方感受而無法坦率表達心情及想法；但試著改變看法時，又會覺得自己本來的看法沒錯，不曉得為何內心就是一直湧出負向情緒。這時，如果任由怒氣或不滿的情緒操控行動，你覺得會發生什麼事呢？

D同學很久之前借了一張珍藏DVD給朋友，他最近想看，於是請朋友歸還。沒想到朋友擅自將DVD借給別班同學，還跟D同學說不知對方什麼時候會還。

你覺得D同學這時要意氣用事地對朋友怒道：「你怎麼隨便把我的DVD借給別人！你太過分了！」將怒氣全發洩出來嗎？還是什麼話都不說，對朋友的行為忍氣吞聲呢？不管哪個做法，D同學肯定都得不到滿意的結果。

以下要介紹的是有助於解決人際衝突的溝通方式。

【溝通的3個模式】

與他人意見衝突是很正常的事。但有時我們會強力主張自己的感受及意見，雖然痛快，卻可能惹對方不開心（我贏你輸的關係）；或是為了氣氛和諧而忍氣吞聲，卻讓自己傷心難過（我輸你贏的關係）。其實除了這兩種溝通模式，還有另一種選擇，就是放下對立，藉由有效對話建立起互相理解、尊重的雙贏關係。這是解決人際衝突的第一步。

帽子顏色	黑帽子	白帽子	灰帽子
特徵	 帶攻擊性、操控性（採取攻擊性態度，企圖讓事情順著自己的心意發展，或是背地裡干涉有關的人）	 忍氣吞聲（不主張自己的意見，對人言聽計從）	 尊重自己及對方（主張自己的感受，也傾聽對方的想法，努力創造雙方滿意的結果）
好的一面	順著自己的心意	不發生衝突，對方覺得開心	找到雙方滿意的結果
壞的一面	被討厭 遭到報復 被排擠	自己的感受不受尊重	耗費時間，不能完全稱心如意
結果	我贏你輸（win-lose）	我輸你贏（lose-win）	雙贏（不是妥協）（win-win）

想必大家在與人相處時，都希望達到與上圖灰帽子一樣的雙贏關係。

不過，我們無法控制對方照著自己的想法行動，只能在自己感到不愉快時，選擇以對方容易理解的言語及態度來表達感受。當然，你不想說出口也沒關係。

向對方表達感受也是有技巧的。以D同學為例，假如他不是意氣用事地怒罵對方，也不是一味地忍氣吞聲，而是好好地跟對方說：「我很喜歡那張DVD，可以麻煩你請他立刻歸還嗎？」這樣的方式是不是好多了呢？遇到類似的問題時，請你參考以下3個尊重自己及對方的溝通重點，好好地跟對方表達你的感受吧。

【尊重自己及對方的溝通祕訣】

1. 你這樣做的話～（因為你～）——對方的言語或行動
2. 讓我覺得～——自己的心情
3. 如果你願意～，我會很開心、感謝你的——請求對方

像這樣**表達自己的心情及想法，同時傾聽對方的想法，是邁向雙贏關係的第一步**。雖然不知道對方會不會回應我們的心情，但我們**要重視自己的心情。只有把心情表達出來，才能跟自己建立起良好關係**。

方法
46
有助於人際關係的3要素

若能順利化解意見衝突、讓雙方愉快地溝通，當然再好不過。有3個不可或缺的要素有助於建立融洽的人際關係，那就是感謝、寬恕與情緒共鳴。

1 以「感謝」滋養人際關係

我在P31提過人都會對幸福快樂感到「習以為常」，人際關係也是如此，我們有時都會把家人或朋友的關心及幫助視為理所當然。假如現在要你對家人、朋友或身旁的人表達感謝之意，你想對誰說哪些話呢？

傳達感謝之意可以讓我們的人際關係更美好。

換你想一想

感謝信

請寫一封信給你想要感謝的人。對方做了什麼事讓你覺得開心呢？對方幫了你什麼忙呢？請寫出你最真實的心情吧。

用心寫完這封信後，請找機會在對方面前讀出這封信。讀完這封信以後，你的心情如何呢？對方的心情看起來如何呢？

2 以「寬恕」放過自己

人際關係並不是那麼簡單的事。正如俗話說：「愛之深，恨之切。」我們有時可能對一個人深愛不已，同時卻又恨之入骨。

覺得自己被對方傷害、被人在背後說壞話時，當然會氣得不想原諒對方，有時甚至想報復回去。假如這些心情會成為動力、將自己帶往好的方向，那麼這些難受的經驗或許也是不錯的。但是，不肯原諒對方的心情有時也會傷到自己，畢竟憤怒總是令人身心俱疲。

寬恕並不代表認同對方的行為，而是為了避免自己受到憤怒情感的傷害。

話雖如此，就算是大人也很難做到寬恕，所以各位做得不好也很正常。這時，請告訴自己：「你現在不想原諒他也沒關係！」

當你想培養寬恕的力量時，可以先試著寫出你獲得他人原諒的經驗。

3　以「情緒共鳴」加深羈絆

每個人在小時候都有大人照顧，身邊的大人就是他們的支柱。成長過程中，有的人也會漸漸成為別人的支柱，而像這樣互相照顧可以讓我們建立起良好的人際關係。其中，培養「情緒共鳴力」是一件相當重要的事。

情緒共鳴指的是仔細留意對方的言行或狀況，聆聽對方說話，並努力理解對方的感受。請你試著對別人說：「你還好嗎？發生了什麼事嗎？」這是能讓對方感到備受關懷的一句話。然後，想一想你可以做什麼事、說什麼話讓對方的心情變好。只要你能跟對方的悲傷產生共鳴，對方就不會那麼悲傷；只要你能跟對方的快樂產生共鳴，對方就會更開心。如此一來，你跟對方的關係便會愈來愈好。

舉例來說，當E同學抱怨：「我的運動細胞好差，真的好討厭上體育課喔～」聽到朋友A說：「哪會～體育課很好玩！不可能有人討厭上體育課吧！」就感到不太開心；不過聽到朋友B說：「真的，不擅長的科目會讓人很抗拒上課嘛！」就覺得心情好多了。朋友B只是跟E同學的情緒產生共鳴，就讓E同學的心情好轉。

不只是負面的情緒需要有人共鳴，與對方的好心情產生共鳴也很重要。就像你聊起自己的喜好或上週末有哪些開心的事情時，如果對方興奮地表示：「我還想聽，你再多說一點！」你肯定也會覺得很開心吧。

根據美國心理學家雪莉・蓋伯博士（Shelly Gable）的研究，**假如對方在分享他們的好消息或想讓你知道的事，這時你的回應方式就是促進雙方關係的關鍵**。換言之，當朋友或家人與你分享他們的好消息時，你會怎麼回應呢？帶著感興趣的態度去了解對方分享的內容，例如：「太厲害了！你一定很開心吧！你是怎麼辦到的呢？」將有助於我們與對方建立起良好的關係。

方法47 維持幸福的良性循環

許多研究結果都證實，親切對待他人時，不只會讓對方覺得開心，自己也會獲得比對方更多的幸福感。此外，加拿大社會心理學家阿克寧博士（Aknin）也透過研究發現，人在幸福時會變得更加親切。也就是說，幸福與親切就像雞與蛋的關係一樣，不論先有哪一個，最後都會形成好的循環。

此外，也有研究幸福的科學家發現，我們在親切對待他人時，腦袋產生的幸福感相當於收到禮物或吃到喜歡的食物時的幸福感。

主動開口詢問媽媽需不需要幫忙、閒來無事時寫封信給好朋友、給身邊的人看到你的笑容等等，這些日常生活中的小事都是親切的表現。就從今天開始，試著去做一些你不曾做過的親切小事吧。

跟別人保持良好關係固然重要，跟自己保持良好關係也很重要。請你們一定要好好對待自己，做一些能讓自己開心、快樂的事。

這個章節介紹了許多方法，讓各位知道如何透過建立良好的人際關係幫助自己培養復原力，以及讓自己過得更幸福快樂。

在你的親戚朋友、家人之中，誰是你能夠信任的人呢？你喜歡的人、你的寵物也都會讓你有活力，對吧？請你試著寫出來你信任的人，寫出多少人都不要緊。擁有能夠信任、依賴的人也是一種復原力。當你感到困擾時、不知道該如何是好時，你會找誰聊一聊呢？

6章

「做自己」就是你最大的武器

方法48

「強項」的種類

假如朋友拿了一種沒看過的新奇食物，你會說：「我要吃吃看！」立刻伸手接過來嗎？還是會疑惑地說：「這到底是什麼？」決定搞清楚後再吃呢？

決定立刻吃看看的人充滿好奇心，且具備勇氣；決定先搞清楚的人則具有深思熟慮的思考力。

不管是哪一種，都是很棒的人格特質。

想一想，你覺得自己有什麼優點呢？有哪些專長呢？有喜歡做的事情嗎？那是什麼事情？

你的優點、專長、喜歡的事、感興趣的事，都能稱為你的「強項」。強項在字典中有可靠的優秀之處、優點之意，但其實人的強項可以分成許多種類。

【強項的種類】

1. 才能：自然做好某件事的能力（跟遺傳有很大的關係）
2. 技能：透過訓練獲得的特定熟練技巧
3. 興趣、嗜好：自己的愛好、熱愛的事
4. 資源：人際關係或生活環境、經濟狀況等可提供支援的外在因素
5. 價值觀：我們所重視並奉為行動準則的事物
6. 品格（性格、長處）：個性上的優點，能給自己及周圍的人帶來好的影響

本書所探討的優點不只是跑得快、長得高等肉眼可見的特徵，更包含想法及個性上的優點等等。因為，**在日常生活中運用性格強項可以有效地提升我們的充實感以及自信，並且更容易達成目標，不易感到壓力**。當然，性格的強項對於克服困難肯定也是相當大的助力。

方法49 找出自己的品格強項

品格強項主要可分為24種。心理學家克里斯・彼得森博士（Christopher Peterson）與馬丁・賽里格曼博士歸納出24個品格強項，他們認為這些品格強項是人類共同擁有的重要氣質，超越了文化及信仰的差異。每個人都擁有這24個品格強項，只是強弱程度不同，才會塑造出獨一無二的個性。

【如何知道自己的品格強項】

本書會介紹3個方法，首先請以下頁圖表評估自身品格強項的強弱程度。

團體合作
Teamwork

扮演好自己在團隊
或團體中的角色。
為團隊盡到自己的義務。

_____分

公平
Fairness

依循公平、正義，
對所有人一視同仁。
給予每個人平等的機會，
不因個人喜惡而對他人做出
偏差的判斷。

_____分

領導才能
Leadership

激勵團隊成員，
讓成員順利達成團隊的目標，
並致力於維持團隊和諧。
知道怎麼做才能讓成員有
行動力，齊心協力完成工作。

_____分

寬恕
Forgiveness

原諒做錯事、失敗、犯罪的人，
給予他人重新來過的機會。
不懷恨在心或企圖報復。
過去的事情就讓它過去。

_____分

謙虛
Humility

不炫耀自己的成就，
不追求別人的注視，
不認為自己比別人特別。

_____分

謹慎
Prudence

不做出草率的行動
讓自己遭遇失敗或危險，
也不做出讓自己後悔的言行。
深思熟慮，不短視近利。

_____分

紀律
Perseverance

能克制自己的情緒、行動或食慾。
能遵守規範及禮儀。
即使發生不好的事，
也能克制住自己的情緒。

_____分

感受美好事物
Appreciation of Beauty

欣賞一切事物
（大自然、藝術、學問、
日常生活體驗）的美好、特色，
讚嘆其美好。

_____分

感恩
Gratitude

留意身邊發生的各種好事，
擁有感恩一切的心。
感謝對他人的付出。
哪怕是再小的事，
也懷著感謝的心。

_____分

希望
Hope

能在心中勾勒美好的未來，
並努力創造這樣的未來。
相信未來一定會光明美好，
認為只要努力就能使願望成真。

_____分

幽默
Humor

喜歡歡笑及保有童心。
喜歡給人帶來歡樂、
思考有趣的事。
總能看到事物好的一面。

_____分

靈性
Spirituality

感覺自己活在一個
浩瀚無際的世界或是一條
奔流不息的洪流。
對於崇高的目的與意義
抱持著一貫的信念。

_____分

【如何知道自己的品格強項①「品格強項評估表」】

24個品格強項

國中生・高中生篇

請根據以下的敘述，替你的品格強項評 1～10分，看看哪些是你的強項吧。
評分的基準是你覺得自己具備多少程度，不是你希望自己達到多少程度。

創造力
Creativity

在藝術及其他方面都有
嶄新、創新的想法。
會思考比之前更有創意、
更有效率的做法。

______分

好奇心
Curiosity

對許多事物感興趣。
覺得一切的經驗都很有意思。
喜歡探索新事物，
積極蒐集相關資訊。

______分

判斷力（靈活的想法）
Open-mindness

不妄下決定，
站在不同的角度公正看待
並思考後才給予回答。
能客觀且理性地判斷，
只要有確切的證據，
就會靈活地變通想法。

______分

喜愛學習
Love of Learning

願意學習新的知識及技能，
就算是已經學會的事，
還是會繼續追求更多的知識。
喜歡有學習的機會或場所。
學習新事物時感到興奮。

______分

洞察力
Perspective

能看見事物的整體面貌，
並預料將來的事。
採納各種意見，以自己及他人都
能接受的觀點看待事物，
能給予他人適合的建議。

______分

勇敢、勇氣
Bravery

不畏懼或害怕困難。
就算遭到反對，
還是會說出正確的事。
就算別人的意見都跟自己不同，
依然相信自己並採取行動。

______分

毅力
Perseverance

一旦行動就會堅持做到最後。
就算遇到困難也鍥而不捨地
持續前進。
覺得完成課題是一件
值得開心的事。

______分

誠實
Honesty

真摯地對待自己及他人，
對自己的心情及行動負起責任。
不說謊，守信用。

______分

熱情
Zest

擁有感動及熱情，
覺得人生就像一場冒險。
做事不半途而廢、不敷衍了事。
朝氣蓬勃、精力充沛。

______分

愛
Love

珍惜與他人情緒共鳴、
互相關懷的關係。
喜歡、擅長與人打交道。

______分

體貼
Kindness

待人親切，做有利於他人之事。
幫助、照顧他人。
覺得做善事很快樂。

______分

社交能力
Social intelligence

理解對方及自己的心情和想法，
應對進退得宜。
能與各式各樣的人相處融洽。

______分

研究正向心理學的英國學者亞歷克斯・林利博士（Alex Linley）說：「強項指的不只是你擅長的事，它能讓你感受自我，使你充滿能量並激發出最大的力量，為你創造出好的成果。」換句話說，所謂的強項不能只是你擅長的事，**你要覺得發揮這個強項會使你充滿活力，那才是尋找品格強項時的重點所在**。

看看前一頁的「品格強項評估表」結果，哪5個強項的得分最高呢？哪個強項會讓你充滿能量呢？最能代表你的強項又是哪個呢？

【如何知道自己的品格強項②「線上診斷」】

可在以下網址報名講座：https://j-pea.org/related-info/via-is/

【如何知道自己的品格強項③】

訪問對你相當了解的人。

- **你最喜歡我哪一點？**
- **你覺得我有什麼特長？**
- **你覺得我在什麼情況下可以發揮出實力？**
- **我曾在哪些情況下發揮出我的實力？**
- **你個人認為我最大的強項是哪一個？**

【自己看不見的強項】

做完品格強項的採訪後，你也許會覺得：「沒錯，這就是我！」也可能感到意外地想：「原來我是這樣的！」藉此發現自己並未察覺、但旁人都看得出來的品格強項。如此一來，你的品格強項清單上又會增添一項！

周哈里窗

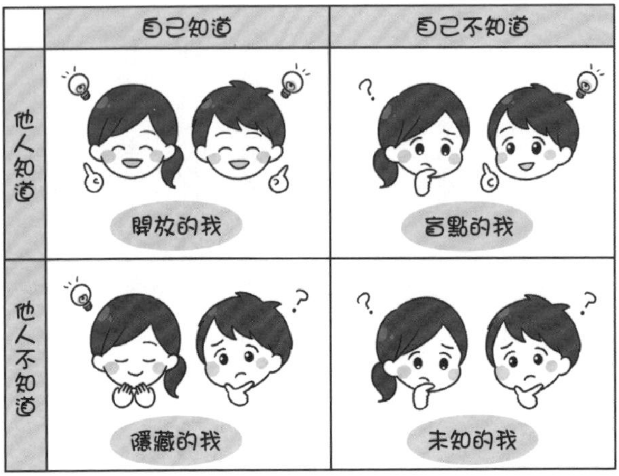

「周哈里窗」理論可以幫助我們理解自己與他人認識的自己為何有所落差。

根據周哈里窗的理論，我們眼中的自己與別人眼中的自己也許並不一樣，當我們接受自己的其他面貌時，「開放的我」的窗格就會變大。

尤其我們最不容易看見自己的強項，所以有時傾聽別人的意見，也能幫助我們對自己有更多的了解。

【看不見自己的強項時】

你會不會替自己或別人的個性貼上標籤呢？例如：「我是一個容易害羞的人」等等。其實很多人都會不自覺地依照過去經驗替自己或別人「貼標籤」。但這麼一來，就不容易用其他觀點去看待自己或他人。例如：假如我們認為自己是個容易害羞的人，就會忽略自己還有溫柔、富創造力、愛護寵物等優點。

貼標籤不只在性格上。曾有名國中生給自己貼上「拒學生」標籤，並讓言行都符合他對拒學生的印象。然而，他對拒學生的印象有所偏差，以為不上學就是窩在家不出門，只能偷偷做自己喜歡的事。他很喜歡畫畫，有時也會在家裡畫畫，但因為都是偷偷地做，這讓他覺得自己不該有自信地做這件事。

他對拒學生抱持錯誤看法、認為拒學是糟糕的行為，可能是根據先前的見聞，例如：新聞報導中少數人的狀況等等。然而，「拒學生」不完全代表他這個人，每個人都擁有許多面貌，一定還有很多詞彙可以用來表現自己，品格強項就是其中之一。

如果像這樣總以一個標籤看待自己，而忽略其他面貌，就可能侷限住自己的行動，因此請各位一定要多加注意。例如：若男孩子抱持著「男生就是要喜歡運動」的印象，就可能迷失本心，也許真正的他並不那麼喜歡運動，畫畫才是他真正喜歡做的事；假如給自己貼上「容易害羞」的標籤，那麼就算想鼓起勇氣在大家面前行動，也可能受到這個標籤干擾，讓你覺得：「我這麼容易害羞，還是算了吧。」依然沒有任何行動。

大家心目中的形象或是別人對你的評價，不一定完全與真正的你吻合。**當你覺得好像不知道真正的自己是什麼樣子時，請先確認你是不是給自己貼上了某些標籤吧。**

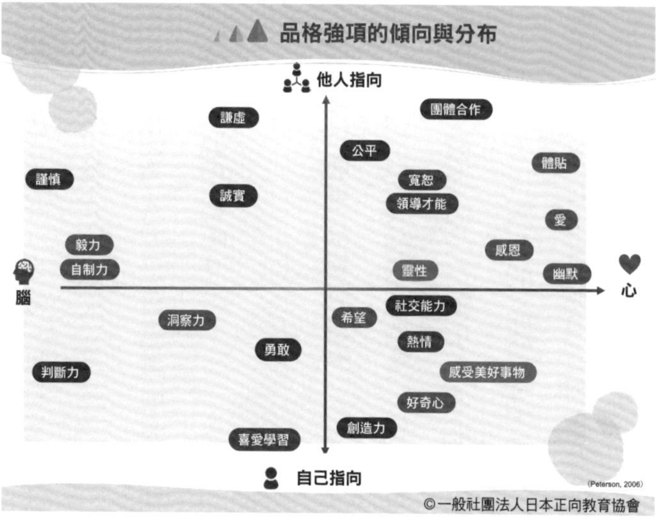

【強項的平衡】

如上圖「品格強項的傾向與分布」所示，這24個品格強項可分為4個象限，分別是橫軸上的動腦強項（腦）、用心強項（心），以及縱軸上的對他人發揮的強項（他人指向）、對自己發揮的強項（自己指向）。

請在圖上圈出你的品格強項，並看看大多落在哪一個象限？

另外，請將未圈出的強項視為你尚未發揮的品格強項。每個人都擁有這24個品格強項，所以只要你願意，不論何時開始都能將你想要展現的品格強項培養得更強大。

培養的方式就是有意識地發揮你想展現的品格強項。現在就請你想一想，你該如何運用它呢？

【有意識地發揮品格強項】

找出自己的品格強項後，就要有意識地在日常生活中展現出來。在每一天的生活中發揮出品格強項，才能獲得它帶來的恩惠。

例如：A同學的品格強項是社交能力，他在考試前都會召集同學一起複習；B同學的品格強項是洞察力，每當擬訂好考試的複習計畫並且確實執行，就會讓他充滿動力。

請想一想，你可以運用自己的品格強項做到哪些事呢？

【品格強項使用過度也不好？】

C同學總是一派樂天，每天都過得開開心心。有一次，他得知朋友因為寵物去世而難過，他想讓朋友打起精神，所以就說笑話逗對方開心。沒想到對方卻很生氣，覺得他很粗神經。

D同學的個性溫柔又體貼。他今天想要早點回家，但是朋友希望D同學可以教他功課，所以D同學便留下來教朋友，結果就來不及回家看期待已久的動畫了。

C同學的幽默及D同學的善良體貼，都是非常好的個性優點。但是他們都發揮過頭，反而傷害到朋友、讓自己心力交瘁。

我們往往都會自然地表現出這些良好的性格特質（品格強項）。也經常因為太自然地展現出自己的性格特質，而像他們兩人一樣出現發揮過度的情況。

研究品格強項的心理學研究者莉亞・沃特斯博士（Lea Waters）表示，調整品格強項的強弱是件非常重要的事。以C同學的情況來說，幽默感當然是很好的品格強項，但如果能根據對方的情況調整幽默感的表現程

度，結果肯定會更好；D同學也是一樣，善良體貼是非常可貴的特質，若是他也能對自己多一些體貼，一定能讓這項品格強項有更好的發揮。

當你覺得自己明明運用了品格強項，結果卻不是很理想的話，就要想一想自己是不是發揮過度了。

換你想一想

品格強項的自我介紹—為你的品格強項命名—

以上是有關品格強項的介紹，你現在是否已經了解自己的品格強項了呢？

現在請為你的品格強項做自我介紹，讓別人更了解你的品格強項和優點吧！

「品格強項的自我介紹」例

標籤：「我是讓大家心裡暖呼呼的小暖爐」

・列出你的品格強項，貼上屬於你的新標籤貼紙（命名）。

・畫一張圖。

・想一想要用什麼文字來說明、介紹。

※畫成動物、食物、建築物、交通工具、英雄人物……什麼都可以！

方法50 善用自己的品格強項經營人際關係

認識品格強項後，你是否也能找出家人及朋友的品格強項呢？

人總是容易只注意負面的事情（缺點）。我在P39也說過，這是由於大腦的作用，才導致我們容易注意壞的一面。

正因如此，在經營人際關係上，主動找出對方優點也是非常重要的一環。

當你發現對方展現出品格強項時，請你一定要告訴對方。例如：「你每次畫的圖都好好看喔！你真的很有想像力！」或「你好細心，都會注意到大家沒注意到的事情！」等等，只要像這樣告訴對方哪些行動展現出他的品格強項，對方就會覺得自己被人理解而感到開心。每個人都不容易發現自己的優點，所以請各位一定要幫助別人發現他們的優點。

此外，當你了解自己的品格強項，並且珍惜你所擁有的性格，就能做出自己需要的選擇。

各位至今已經克服了許多困難，今後一定也能跨越重重難關。不過，面對艱辛的狀況時有人能依賴，也是一項克服逆境的「復原力」。希望各位都能培養出自己的「復原力」，成為活出自我的幸福大人。

結言

謝謝各位讀完這本書。

我開始對「復原力」產生興趣並投入研究，是因為我在高中時遭遇了相當大的挫折。當時我在美國留學，不論是學業還是人際關係都很不順利，令我抗拒上學。

後來我在家裡自學，取得了大學入學資格檢定（相當於現在的高中畢業程度檢定考），並進入大學就讀，但那時我一直在想：「為什麼我必須經歷這些痛苦的事？我真的好想放棄一切。」後來，我知道了自己的使命，並進入澳洲的研究所攻讀，至此歷經了約20年的歲月。

現在回頭看，也許正是因為經歷了那些挫折與失敗，我才會成就現在的一番事業。現在的我已經明白，當初那些只被我視為壞事的一切，其實都成為在漫長人生中支持我的力量。

同時，我也知道人生這麼漫長，不可能完全沒有煩惱及困難。不管再怎麼努力，還是會遇到令人傷心難過、動怒生氣、內心動搖、害怕畏懼的事情。

擁有幸福快樂的人生，並不代表要無視所有負向情緒、永遠保持正向心情。若想要活得幸福快樂，我們應該做的是以積極的態度面對自己的人生及發生的一切，盡力去改善現況。沒錯，就是要下定決心好好活出自己的人生，培養自己的復原力。

希望這本書能助各位一臂之力，讓你們突破人生的逆境，活出自己的幸福快樂人生，這將是最令我開心的一件事。每個人都有自己所選擇的道路，我也會一直為你們加油喝采的。

最後，我要感謝總是與我一起舉辦活動的一般社團法人日本正向教育協會的夥伴、接受「復原力」教育的學員、與這個世界分享了許多知識的研究學者，若沒有你們的助力，我一定無法完成這本書。你們帶給我許多力量，真的非常感謝你們。

寫於西元二〇二三年，春意漸濃……

足立啓美

参考文獻

『見つけてのばそう！自分の「強み」』著：足立啓美・吾郷智子、監修：日本ポジティブ教育協会（小学館）
『子どもの心を強くする すごい声かけ』足立啓美（主婦の友社）
『子どもの「逆境に負けない心」を育てる本』著：足立啓美・鈴木水季・久世浩司、監修：イローナ・ボニウェル（法研）
『子どもの逆境に負けない力「レジリエンス」を育てる本』足立啓美・鈴木水季（法研）
『イラスト版 子どものためのポジティブ心理学』著：足立啓美・岐部智恵子・鈴木水季・緩利誠、監修：日本ポジティブ教育協会（合同出版）
『きみのこころをつよくする えほん』監修：足立啓美、絵：川原瑞丸（主婦の友社）
『ポジティブ心理学が1冊でわかる本』著：イローナ・ボニウェル、監訳：成瀬まゆみ、訳：永島沙友里・松田由美・佐布利江・神前珠生（国書刊行会）
『Personal well-being lessons for secondary schools: positive psychology in action for 11 to 14 year olds』Ilona Boniwell（Open University Press）
「Lessons from Roseto 20 years later: a community study of heart disease」Bruhn, J. G., Philips, B. U., Jr, & Wolf, S. (Southern medical journal, 75(5), 575-580.)
『「やればできる！」の研究』著：キャロル・S・ドゥエック、訳：今西康子（草思社）
『ポジティブな人だけがうまくいく3:1の法則』著：バーバラ・フレドリクソン、監修：植木理恵、訳：高橋由紀子（日本実業出版社）
「JPEA SPARKレジリエンスプログラム指導書」編：一般社団法人日本ポジティブ教育協会
『奇跡の人 ヘレン・ケラー自伝』著：ヘレン・ケラー、訳：小倉慶郎（新潮社）
『自由への長い道 ネルソン・マンデラ自伝（上・下）』著：ネルソン・マンデラ、訳：東江一紀（ＮＨＫ出版）
『Character Strengths Interventions: A Field Guide for Practitioners』Ryan M. Niemiec（Hogrefe & Huber Pub）
『ポジティブ心理学の挑戦』著：マーティン・セリグマン、監訳：宇野カオリ（ディスカヴァー・トゥエンティワン）
『世界でひとつだけの幸せ』著：マーティン・セリグマン、訳：小林裕子（アスペクト）
「From character strengths to children's well-being: Development and validation of the character strengths inventory for elementary school children」Shoshani, A., & Shwartz, L.（Frontiers in Psychology, 9, 2123.）
「What do you do when things go right? The intrapersonal and interpersonal benefits of sharing positive events」Gable, S. L., Reis, H. T., Impett, E. A., & Asher, E. R.（In Relationships, well-being and behaviour：pp.144-182.Routledge）

一般社團法人日本正向教育協會

在學校、家庭、地區推廣「正向教育」，期望每個人培養出幸福且堅毅不拔的生存力，也培養出孩子持續學習的動力。

推出具正向心理學實證基礎的「復原力教育」及「正向教育」的教育課程，並派遣講師、舉辦講座等等。

自2014年迄今已有100名以上的認定培訓師前往企業、學校擔任復原力講座的講師。協會顧問為伊洛娜‧博尼韋爾博士。

官方網站：https://j-pea.org

〈主要書籍〉

《見つけてのばそう！自分の「強み」》（小学館）

《子どもの心を強くする　すごい声かけ》（主婦の友社）

《子どもの逆境に負けない力「レジリエンス」を育てる本》（法研）

《イラスト版　子どものためのポジティブ心理学》（合同出版）

〈監修書籍〉

《きみのこころをつよくする えほん》（主婦の友社）

【作者簡介】

足立啓美

一般社團法人日本正向教育協會代表理事、公認心理師、正向心理學教練。於澳洲墨爾本大學研究所修畢正向教育專門課程，在日本國內外教育機構從事學校營運與指導學生的工作約10年，目前在開發以正向心理學為基礎的教學計畫，並以正向教育講師的身分積極投入國中小、高中以及教學支援中心等教育前線。此外，亦提供與正向心理健康和組織開發相關的企業教育訓練，並以正向心理學教練的身分提供主管職教練培訓。共同著作有《子どもの「逆境に負けない心」を育てる本》（法研）、《イラスト版 子どものためのポジティブ心理学》（合同出版）、《見つけてのばそう！自分の「強み」》（小學館），個人著作有《換個語氣這樣做：教出高韌性堅強孩子的親子管教萬用句》（和平國際），監修書籍《我是堅強的小孩（挫折復原力學習繪本）》（小熊出版）。

封面、本文設計／bookwall
本文插圖／月村おはぎ
封面插畫／慧子

重拾強韌內心！

50種戰勝逆境的「復原力」培養法

出　　版／楓書坊文化出版社
地　　址／新北市板橋區信義路163巷3號10樓
郵政劃撥／19907596 楓書坊文化出版社
網　　址／www.maplebook.com.tw
電　　話／02-2957-6096
傳　　真／02-2957-6435
作　　者／足立啓美
翻　　譯／胡毓華
責任編輯／吳婕妤
校　　對／邱凱蓉
內文排版／楊亞容
港澳經銷／泛華發行代理有限公司
定　　價／360元
初版日期／2024年11月

國家圖書館出版品預行編目資料

重拾強韌內心！50種戰勝逆境的「復原力」培養法 / 足立啓美作；胡毓華譯. -- 初版. -- 新北市：楓書坊文化出版社, 2024.11
面；　公分

ISBN 978-626-7548-18-9（平裝）

1. 自我實現 2. 成功法

177.2　　113014775